W0077874

Weihnachtsgeschichten von Toni Lauerer

Weihnachtsgeschichten von Toni Lauerer

„Endlich wieder gschafft"

BUCHVERLAG

ISBN 3-934863-17-5
Dieses Werk ist einschließlich aller seiner Teile urheberrechtlich geschützt.
Jede Verwertung außerhalb der engen Grenzen des Urheberrechts ist ohne
Zustimmung des Verlages unzulässig und strafbar. Dies gilt insbesondere
für Vervielfältigungen, Übersetzungen, Mikroverfilmungen und
die Einspeicherung und Verarbeitung in elektronischen Systemen.
www.mz-buchverlag.de
Umschlagfoto: Foto Wagner, Furth im Wald
© MZ-Buchverlag 2003

Inhalt

Vorwort 7

Der biologische Christbaum 8

Beim Schneeräumen 14

Das Weihnachtsgeschenk 19

Das falsche Geschenk 22

Stille Nacht 23

Der ahnungslose Nikolaus 26

Apfent 31

Früher 34

Stammtischweihnacht 42

In der Loipe 52

Endlich Weihnachten! (?) 54

Die staade Zeit 61

Ja mei 62

Das traute hochheilige Paar 68

Die Weihnachtsplätzchen 70

Ende einer Nikolaus-Karriere 72

Der Wunschzettel 80

Da Papa konn des scho 83

Recht besinnlich 90

Die Weihnachtsbräuche des Ödbauern 94

Weihnachten im Juli 102

In der Christmette 108

A Handy für d'Mandy 112

Weihnachtsgespräch an der Theke 118

Und zum Dritten! 121

Die Weihnachtskarten 132

Böser Kare! 133

Der entlarvte Nikolaus 133

Weihnachtstränen 133

Der Weihnachtseinkauf 134

Nikolaus 135

Winterliche Heimkehr 141

Nikolaus-Seminar 142

Mein kleines Weihnachts-ABC 149

Ein weihnachtlicher Liebesbrief 153

Mein Weihnachtsrezept 155

Vorwort

Liebe Leserin, lieber Leser,

ich hoffe, Sie verzeihen mir die vertraute Form der Anrede, aber da Weihnachten das Fest der Liebe ist, kann ich ja schlecht mein Buch mit „sehr verehrte" beginnen.

Für mich und bestimmt auch für Sie ist Weihnachten das schönste Fest von allen. Schon in den Tagen davor herrscht eine ganz besondere Stimmung in uns und um uns herum. Verlockende Düfte ziehen durch das Haus, Kindheitserinnerungen werden wach, draußen rieselt (eventuell) der Schnee, die Weihnachtsbeleuchtung funkelt in den Straßen, und beim Metzger kriegt man eine Wurst geschenkt. Gerade Letzteres ist für mich schon als Kind immer ein Höhepunkt der Festeinkäufe gewesen.

Viele schöne Geschichten und Gedichte wurden schon geschrieben über die Advents- und Weihnachtszeit. Einige sind lustig, viele sind besinnlich. Weil aber das Fest der Geburt Jesu ein Fest der Freude ist, habe ich mir gedacht, man darf ruhig etwas mehr lustige Geschichten darüber schreiben.

Ich habe mich hingesetzt, und nun ist ein ganzes Buch daraus geworden, was mich sehr freut. Noch mehr freut es mich, dass gerade Sie dieses Buch jetzt in Händen halten.

Einige Geschichten werden Sie vielleicht schon mal gelesen haben, da sie in irgendeinem meiner früheren Bücher abgedruckt sind. Aber weil es nunmal Geschichten vom Nikolaus oder vom Christkindl sind, mussten wir sie in mein großes Weihnachtsbuch hineinpacken, sonst wäre dieses nicht komplett. Doch keine Angst: Die meisten Geschichten in diesem Buch sind nagelneu!

Lehnen Sie sich zurück und tauchen Sie mit mir ein in die humorvolle Welt der Nikoläuse, der Christbäume, des Schneeräumens und des Christkindls.

Viel Spaß und stets frohes Fest!

Ihr

Der biologische Christbaum

Händler:	Grüß Gott, schöne Frau! Brauchma ebba an Christbaam?
Kundin:	Ja, ich würde gerne einen mitnehmen. Ich habe mich auch schon etwas umgesehen. Sie haben ja wirklich schöne Exemplare hier.
Händler:	Nur, schöne Frau, nur! A Glump kimmt mir nicht ins Haus!
Kundin:	Wissen Sie, ich finde, zum Weihnachtsfest gehört einfach ein schön geschmückter Baum.
Händler:	Des moanad i aa! Wissns, wos i allaweil sog? I sog allaweil: Weihnachten ohne Christbaam, des is wia Ostern ohne ... äh, ohne Ding!
Kundin:	Ohne Eier!
Händler:	Genau! Wia Ostern ohne Oier. Stellns Eahna vor, es is Ostersonntag und im ganzen Haus ned oa Oa. Des is doch nix! Da geht wos ab! Do fahlt wos! Do is ja schlagartig de ganze Stimmung weg, ohne Oa!
Kundin:	Das würde ich auch sagen. Aber lassen wir Ostern! Mir geht es ja heute um einen Christbaum.
Händler:	Omei, freilich! Sie wolln ja an Christbaam und i fang mit mein Oierschmaatz o. Entschuldigens, dass i Sie mit meine Eier gnervt hob. Hamms Eahna scho an Baam gseng?
Kundin:	Dieser da würde mir sehr gut gefallen, der in der hinteren Reihe! Könnte ich den wohl mal von nahe sehen?
Händler:	Ja freilich! Hä Sepp, hol amol den Baam do hint vira, dassna de Dame in Ruhe oschaun konn!
Sepp:	Kimmt sofort, Schäf! *Geht nach hinten.* Moanan Sie den do, gnä' Frau?
Kundin:	Ja, diesen! Wenn Sie mir den mal nach vorne bringen könnten!

Händler:	Duana vira, Sepp!
Sepp	*Nachdem er den Baum nach vorne gezerrt hat:* So Schäf, des waara!
Händler:	Merci, Sepp! So, do schauns her, Frau! Is des ned ein Eins-A-Baam? Des is doch ein Eins-A-Baam! Do hamms Eahna ganz wos feins ausgsuacht! Do wern d'Kinder a Freid hom! „Mama", werns sogn, „zenalln, is des a scheener Baam!"
Kundin:	Meinen Sie? Sie sind schon ganz gespannt, unsere beiden Rabauken!
Händler:	Des glaub i aaf's erste Mol! I sog allaweil: A Kind braucht an Christbaam! Des is wichtig für d'Entwicklung. Schauns Eahna doch de Kinder o, de wos ohne Christbaam aafgwochsn san: De meistn san gewalttätig! Manche rauchand sogor!
Kundin:	Das ist mir neu, dass Christbäume dermaßen wichtig sind für die psychische Entwicklung von Kindern.
Händler:	Des is Wahrheit! Des is amol aaf RTL kemma!
Kundin:	Ach ja? Aber abgesehen davon: Was ist das für ein Baum?
Händler:	A Christbaam holt!
Kundin:	Schon klar! Ich meinte, welche Sorte?
Händler:	Aso! Sepp, wos isen des für a Rass'?
Sepp:	*Mustert den Baum von oben bis unten und kratzt sich nachdenklich am Hinterkopf:* Des konn normal bloß a Ding sei, a Tiroler Zwergtanne! Also normal konn des nix anders ned sei.
Händler:	Genau! Jetza, wosda's sagst, Sepp, follts mir aa wieder ei. Des is a Tiroler Zwergtanne! A typische!
Kundin:	Zwergtanne? Dafür ist sie aber ziemlich groß!
Händler:	Hm, des stimmt allerdings. Du Sepp, warum is denn de so groß, wenns a Zwergtanne is?
Sepp:	Weils a Riesenzwergtanne is!
Händler:	Genau! Des is a Riesenzwergtanne. Des erkenntma daran, weil's ziemlich groß is. Dass i des ned glei

gspannt hob! Sie, des is eine Super-Rass! Und optisch einwandfrei! Aa vom Ausschaun her! Oa Reih' wia de ander, wia gschnitzt! Sepp, sogs: Wia gschnitzt.

Sepp:	Wia gschnitzt, Schäf!
Händler:	Do hörns'es, Frau! Derf Eahna den eipacka?
Kundin:	Moment! Ich hätte da schon noch einige Fragen.
Händler:	Kein Problem! Frongs ruhig, do bine ja do dafür.
Kundin:	Ist das ein biologischer Baum?
Händler:	Biologisch? Wia moanans jetza des?
Kundin:	Ich meine, ob er biologisch herangezogen wurde.
Sepp:	Ja mei, i hobna vo do hint herangezogen. Virazogn holt. Direkt biologisch wor des ned.
Händler:	Sei staad, Depp! De Dame moant doch ganz wos anders!
Kundin:	Genau! Ich meine, ob er ohne schädliche Umwelteinflüsse wachsen konnte und natürlich gedüngt wurde. Biologisch halt.
Händler:	Ja selbstverständlich! Dodal biologisch! Unsere Baama san alle biologisch. Gell Sepp, alle biologisch!
Sepp:	Logisch biologisch! De Baama san kerngsund. Bumperlgsund! Schaunsna o, des is doch ein Baam wie ein ... wie ein Baam!
Kundin:	Wissen Sie, man hat ja den Baum zwei Wochen im Wohnzimmer stehen. Da sollte man schon sicher sein können, dass keine schädlichen Stoffe an oder in ihm sind. Es ist ja auch wegen der Kinder. Stellen Sie sich vor, da gerät was in den Mund! Nicht auszudenken!
Sepp:	Ja wos? Fressn de den Baam?
Händler:	Also Sepp! Reißde a weng zamm!
Sepp:	I moan ja bloß, Schäf!
Kundin:	Nein, natürlich essen die Kinder den Baum nicht auf! Aber es kann ja mal eine Nadel in den Teller fallen oder in das Glas oder so.

10

Händler:	I versteh' Sie scho, Sie hamm vollkommen recht. Da Sepp, der kenntse do ned aso aus, weil der ißt und trinkt ausschließlich im Wirtshaus.
Sepp	*Mit erhobenem Zeigefinger:* Und im Bierzelt!
Händler:	Und im Bierzelt. Owa Sie kinnan sicher sei, Frau: Der Baam is durch und durch biologisch. Dodal. I hob den selber pflanzt und aafzogn. Der hod nur Mist kriagt vo freilaufende Kühe. Glückliche Kühe, glücklich wie die Sau san de Kühe! Ohne Rinderwahnsinn! Und in Trockenperioden regelmäßig a Wasser!
Sepp:	Ein Mineralwasser!
Händler:	Genau!
Sepp:	Ohne Kohlensäure!
Händler:	Ja Sepp, jetza glangts scho wieder! Und zwischendurch, des is a Geheimnis vo mir, songses ned weida: Zwischendurch hob i eam a Holbe Weißbier higschütt. Des gibt de Nadeln an Glanz!
Kundin:	Ach was!
Händler:	Hundertprozentig. Owa, pssst, des is a Betriebsgeheimnis. Des derf normal neamad wissen!
Kundin:	Ich werde es keinem verraten. Dann ist dieser Baum biologisch quasi völlig unbedenklich?
Händler:	Sogar de Motorsäge, mit der wosma'n abgschnittn hamm, lafft mit an bleifreia Sprit!
Sepp:	Und sie hod an Schalldämpfer, dass da Baam ned daschrickt beim Umschneidn! Dass er an ruhigen Tod hod.
Kundin:	Das meinen Sie aber jetzt nicht ernst, Herr Sepp?
Händler:	Naa, des war a Schmarrn mit dem Schalldämpfer. Sepp, du allaweil mit deine blädn Witze!
Sepp:	Mei, i bin aso! Wos Witze betrifft, hau i gern amol oan ausse!
Kundin:	Und auch von oben ist der Baum unbehandelt?
Händler:	Von oben? Wia von oben? Drübergflogn samma ned.

Kundin:	Nein, ich meine, ob er gespritzt wurde. Gegen Schädlinge und so.
Händler:	Niemals! Sepp, sogs!
Sepp:	Niemals! Bei uns wird ned gspritzt. Kimmt nicht in die Tüte! Scho seit Generationen. Und unser Betrieb besteht immerhin scho seit 1997!
Händler:	Genau! Und do is no nie gspritzt wordn!
Kundin:	Dann bin ich ja beruhigt. Denn Spritzmittel sind Gift für die sensible Haut eines Kindes. Unser Knut ist ohnehin gegen nahezu alles allergisch. Da würde ein Christbaum voller Spritzmittel vermutlich eine fatale Wirkung haben.
Händler:	Des glaub i aa. Do is doch's ganze Fest verdorm, wenn's Kind unterm Baam sitzt und schoartse in oana Tour!
Kundin:	Wie bitte?
Sepp:	„Kratzen" moanda, da Schäf! Wennse da Sohn kratzt, des is nix.
Kundin:	Ach so! Ja, das wäre kein schönes Fest! Und darum ist es Voraussetzung, dass der Christbaum nicht chemisch behandelt ist.
Händler:	Do kinnans tausendprozentig sicher sei! Schädlinge werden bei uns verscheucht, ned vergift!
Kundin:	Schön. Und was soll er kosten?
Händler:	Normal 80 Euro. Owa weil Sie aso a nette Frau san: Songma 78 grodaus!
Kundin:	Das ist aber schon ein stolzer Preis!
Händler:	Es is aa a stolzer Baam! Handgezüchtet. Und außerdem: I schatz, i hob eam summa summarum mindestens oan Kastn Weißbier higschütt. Der kost alloa scho 15 Euro! Des muaßma aa berücksichtigen, des is a Kostenfaktor! Und de Stunden, in denen i Schädlinge verscheucht hob! Aa an de Feierdog! Des derf i gor ned berechnen, sunst daad der Baam 150 Euro kostn.

Kundin:	Ja gut, so gesehen ist der Preis wahrscheinlich gerechtfertigt. Hier sind 78 Euro, guter Mann, ich nehme den Baum!
Händler:	Dankschön! *Nimmt das Geld.* Sepp, hilf dera Frau! Trog ihr den Baam zum Auto hi!
Sepp:	Alls klar, Schäf! *Zur Kundin:* Gengas ruhig scho voraus! I pack den Baam bloß no zamm, dann kimme noch.
Kundin:	Alles klar. Bis später! *Zum Händler:* Auf Wiedersehen! *Geht zum Auto.*
Händler	*Zu Sepp:* Des wor vielleicht a Goaß! I hob scho gmoant, de nimmt den Baam nimmer.
Sepp:	Owa ehrlich! Du, Moasta, des wor fei da letzte ukrainische Christbaam, den wosma ghabt ham. Wos hod uns do oana kost?
Händler:	8 Euro! Do bstellma naxts Johr hundert mehra. De gengand wia da Deifl!

Der Winter ist nicht gerade die Zeit, in der man sich unter Nachbarn abends auf der Terrasse trifft und bei einem Weißbier ein wenig ratscht. Aber was echte Männer und gute Nachbarn sind, die finden immer eine Gelegenheit für tiefschürfende, ja oft sogar philosophische Gespräche. Zum Beispiel:

Beim Schneeräumen

Meier: Sodala Herr Nachbar, sammas wieder! Greifma wieder o mit unsere Schaufeln! An gscheitn Haffa Schnee hods herghaut heit Nacht!

Huber: An gscheitn Haffa! Des san, i daad sogn, 20 Zantemedda.

Meier: Wenns glangt! Bloß guat, dass er ned pappt. Weil pappa wenn er duat, mei Liawa!

Huber: Omei, der wenn pappa daad, den daadma nimmer derhebn.

Meier: Naa, do waars aus.

Huber: Amol hoda aso pappt, do is mir sage und schreibe da Schaufelstiel obrocha. Aso hod der pappt. Is owa scho mindestens 15 Johr her. Do hod d'Oma no glebt, wia er damals aso pappt hod.

Meier: Ah geh! Wos alles gibt! Owa mei, wos willst macha? Wenn er pappt, dann pappta!

Huber: Do host du keine Chance. I moan, de Kinder, denen is des natürlich scho recht, wenn er pappt. Weil für an Schneemo oder a Schneeburg is des ideal. Im Gegenteil: Do verzweifelst, wenn er ned pappt. Do follt dir alles zamm, des is direkt instabil.

Meier: Jaja, de Kinder! De daanse leicht, weil de brauchan ja ned raama. „Da Schnee konn ruhig pappa, weil raama duat da Papa!" Aso denkt a Kind, weil a Kind is vo Haus aus a Egoist, des is erwiesen.

Huber:	Genau! Da Wetterbericht hätt' ja eigentlich erst ab 500 Meter Schneefall bracht. Und mir samma bloß aaf 487 Meter. Des is normal zweng.
Meier:	So gseng hätts bei uns heit Nacht eher grengt. Owa, i sogs Eahna ganz ehrlich: Des waar aa nix! A Winter ohne Schnee, des is wia a ... Ding, wia a Leichtrunk ohne Essn. Do hodma dann einfach koa Freid dran.
Huber:	Do hamms recht! Do raamtma dann gern amol. Hauptsach', es is a winterliche Stimmung! Obwohl: Gestern hob i dreimol graamt! Des wird eam dann scho langsam lästig. Winter hi, Winter her, owa irgendwann glangts. Man hod ja aa no a Privatlebn.
Meier:	Des stimmt! Mei Frau hod gsagt: „Di segtma ja kaam no im Haus! Dauernd raamst!" Des muaßt dir dann ohörn! I raam doch ned mit z'Fleiß!
Huber:	Owa ehrlich! De mei is de Gleich'! Owa i denkma do nix und raam. Wer is denn dran, wenns oan hihaut? I! Und drum sog i: Liawa dreimol graamt wia oamol zahlt!
Meier:	Genau aso is! In da Zeitung is gstandn, dass z'Amerika oan am Gehsteig aafana Eisplattn highaut hod.
Huber:	Um Gottes Willn!
Meier:	Ja! Und wias da Deifl hom will, follt er am Hinterkopf! Natürlich am Beton, weil z'Amerika is alls betoniert. Und das wars!
Huber:	Tot?
Meier:	Schlimmer! Er konnse nix mehr mirka. Owa scho gar nix. Der is aso beiananda, dass er vom Kanapee aafsteht und in d'Küch geht und in da Küch woaß er nimmer, worum dass er überhaupt aafgstandn is. Aso is der beiananda!
Huber:	Ja mi host ghaut!
Meier:	Und jetza kimmt da Hammer: Der is vor Gericht ganga und hod geklagt gega den, der wos den Gehsteig ned graamt hod und hod Recht kriagt. 5 Millionen Dollar Schadensersatz! 5 Millionen! Jetza kimmst du!

15

Huber:	Mei liawa, do wennst koa gscheide Haftpflicht host, do is 's Heisl furt!
Meier:	Do is alls furt! Alles! Und drum sog i: Liawa amol a Kilo Solz higstraht, weil des holst aaf da andern Seitn zigfach wieder eina!
Huber:	Zigfach! Wos is scho a Kilo Solz gega 5 Millionen Dollar!
Meier:	Gar nix! Sie, Herr Nachbar, amol ganz wos anders: De Leit, de wos do vor zwoa Wochen oberhalb vo Eahna eizogn san, de segtma fei kaum, praktisch überhaupt ned. Ab und zu fohrt er mit'n Auto vorbei und des wars dann. Komische Leit! Und raama duat er aa ned. Ganz komische Leit! Worum raamt denn der ned?
Huber:	Mei, wos hoaßt komisch. Des derfma ned so eng seng, weil des san Aussiedler vo Kasachstan.
Meier:	Ah geh! Is des in de neia Bundesländer?
Huber:	Naa, naa! Des is rechts hinterhalb Russland. Oder links? Is o wurscht! Auf jeden Fall is do im Winter soviel Schnee, dassma nimmer vo da Haustür aussa konn. Direkte Massen!
Meier:	Ja, gibts des aa!
Huber:	Wahrheit! Des hod er mir selber erzählt. I hobna nämlich letzte Wocha beim Postwirt troffa. Hob i mir denkt: Hockst di hi und trinkst a Holbe mit eam.
Meier:	Worum aa ned? Des san aa Leit!
Huber:	Eben! Und do hod er mir des gsagt mit dem Schnee und da Haustür.
Meier:	Ja guat, owa wennst natürlich a Haus host, des knapp so hoch is wia a Hundshüttn, dann duatse da Schnee leicht, dass er d'Haustür dicht mocht. Do brauchts ned viel!
Huber:	Naa, Herr Meier, aso is des ned! De hamm ganz normale Heiser. Also ned vo da Ausstattung her, owa vo da Größe. Owa do schneibts dermaßen, zwoa Meter san do normal. De kennan des ned anders. Do sagt koana „oläck, zwoa Meter!" De sogn einfach „jamei"

	und aus. De san do mehr demütig gegenüber vo de Naturgewalten.
Meier:	Zwoa Meter!? Naa, des waar nix für mi! I raam zwar gern, owa zwoa Meter! Des derraamst ja nimmer als normaler Mensch!
Huber:	Eben! Und drum segt da Alfred des ganz locker, wenns bei uns amol 20 Zantemedda schneibt. Des juckt den gor ned. I bildma ei, der betrachtet alles unter an holbn Meter als schneefrei. Des nimmt des gor ned wahr.
Meier:	Alfred hoaßta? Jetza hätt' i gmoant, der hoaßert Iwan oder Igor. Oder wenigstens Wladimir.
Huber:	Naa, er hoaßt Alfred. Ganz normal. Und sei Wei Monika und d'Kinder Paul und Ernst.
Meier:	Do segtmas wieder! Kemmand uma vo Kasta... Katas... Kachasta..., aaf jeden Fall vo ganz weit her und hamm deitschere Nam' wia de Deitschn. Do sog i: Reschpekt! Owa dass er ned raamt, des gibt mir zu denken. I moan eams bloß guat wega da Haftung. Redns amol mit eam, wennsna wieder treffa! Der Mann is ruiniert, wenns oan am Hinterkopf haut!
Huber:	Do hamm Sie recht, Herr Meier! Sei Frau hod uns morgn zum Kaffee eiglodn, do passts grod. Do werd eam des glei erklärn, dass des mit dem raama bei uns anders is wia z'Kasachstan. Weil durt wenns oan hihaut, do is ja des relativ wurscht. Weil wos will der scho vergessn? De hamm ja nix.

Der Nachbar, über den sie reden, kommt mit der Schneeschaufel angestapft.

Huber:	Ah, do kimmta ja eh! Isa eam doch a weng aafgfolln, da Schnee! Guat Morgn, Alfred!
Alfred:	Morgen!
Meier:	*Zu Alfred:* Guten Morgen ich wünschen! Tut gut sein, wenn du räumen! Gut für Körper und gut für Geldbeu-

tel! Weil wenn du nicht räumen und altes Mensch ausrutschen, dann du viel bezahlen müssen! Geht Häusel darauf! Altes Mensch brechen Bein, nehmen Rechtsanwalt und du haben keine Chance. Deitsches Gericht machen Urteil, wo drinsteht „Alfred schuld" und du blechen, bis du schwarz werden. Deitsches Gericht unberechenbar, ich wissen aus eigener Erfahrung bei Promille und Autofahren. Nur kleines Reischerl, trotzdem Führerschein zehn Monate zwicken! Keinen Spaß verstehen! Richter ist Krüppel von Hund!

Alfred: A geh? A Hunzkrippl isa, da Richter? *Zu Huber:* Hamms eam'n Schein zwickt? Jamei, wennst ned gscheit deitsch konnst, duaste hart vor Gericht. Owa mir konn do normal nix passiern. Erstens konn i besser deitsch wia der orme Hund, zwoatens bin i selber Anwalt und drittens hob i a guate Haftpflichtversicherung. Owa i raam trotzdem, weil raama is guat fürn Kreislauf! *Zu Meier:* Räumen gut für Lauf von Kreis!

Huber: Ha, Herr Meier, do schauns! Wos songs jetza?

Meier: Äh, i glaub, i hob grod unser Telefon ghört! I muaß eine. Wiederschaun!

Das Weihnachtsgeschenk

Sie: Du, Hans, jetza is fei scho Advent!

Er: Ja und? Na isa holt. Advent hi oder her, des is mir wurscht.

Sie: Mir derfadma owa a Weihnachtsgschenk kaffa für unsern Sepperl. An so an scheena Wunschzettl hoda gschriem.

Er: Wia i a Bua gwen bin, woaßt, wos i kriagt hob? A Zipflhaum! Sunst nix! Und i bin zfriedn gwen. I sog dir des oane: Es git nix Scheenas wia a worme Zipflhaum!

Sie: So ein Schmarrn! Jeds Johr sagst du'n gleichn Kaas. Du mit deiner blädn Zipflhaum. Heitzudogs is doch des ganz anders. Do brauchst mitana Zipflhaum nimma daherkemma.

Er: Weils so verzogn san, de Saufratzn, alle mitanand. Da Deifl solls holn, de ganz Bagasch! Do derfad amol a schlechte Zeit kemma!

Sie: Ach, wos hoaßt verzogn. Mir hamma holt amol jetza a andere Zeit wia früher. Jetza stell dir vor, in da Schul erzähln de ganzn Kinda, wos von Christkindl kriagt hamm: An Kompjuter, a Mauntnbeik, a Schiausrüstung. Und dann miaßad unser Sepperl sogn: „I hob a Zipflhaum kriagt." Omei, des orme Kind, i derf gor net drodenka. Schaama miaßert er se!

Er: Mei Bua brauchtse mitana Zipflhaum net schaama. Wia i damals mei Zipflhaum kriagt hob, hammands in da Schul zu mir gsagt: „Hanse", hammands gsagt, „host du a tolle Zipflhaum!"

Sie: Ja, des mog scho sa, owa des wor vor 35 Johrn.

Er (gerührt): „Hanse", hammands gsagt, „host du a tolle Zipflhaum!" De hod damals mei Muada selber gstrickt. D'Haum wor blau und da Zipfl weiß. I bin so stolz gwen, des derfst mir glaum. Oder wor d'Haum weiß und da Zipfl blau? Also, genau kannt i des heit nimma sogn. Aaf jedn Fall, mitana Zipflhaum brauchtse koana schaama!

Sie: Um des gehts doch gor net. I konn dein blädn Schmaatz nimma hörn. Des is doch mir wurscht, ob dei Zipfl blau oder weiß gwen is. Jetza brauchst dann bloß no mit dera oltn Gschicht daherkemma, wia du sechs Monat Zeitungen austrogn host und vo dem Göld aaf Weihnachtn deiner Muada a Tischdeck kafft host.

Er: Genau, zwölf Johr bine damals olt gwen. A roude Tischdeck! Do sollse unser Sepperl amol a Scheim oschneidn, der faale Berner. Jedn Dog um fünfe aafsteh und Zeitungen austrogn! Mei Liawa, do daad er schaun! Owa de heitign Kinda san nix mehr gwöhnt. Nix.

Sie: Jetza hör amol aaf mit deine oltn Gschichtn. Da Sepperl hod an so an scheen Wunschzettl gschriem.

Er: Wos schreibta denn nacha?

Sie: „Liebes Christkindl, ich wünsche mir von dir das Videospiel Monstermax und ein Puzzle mit 1000 Teilen. Dann brauche ich noch ein elektrisches Maschinengewehr und falls du noch ein Geld hast, eine Mörtelmaschine für das Spielen im Garten."

Er: A Haffa Zeig!

Sie: Und, kaffma eam des Videospül und des Puzzle und des Maschinengwehr?

Er: I hob damals a Zipflhaum kriagt und bin zfriedn gwen.

Sie: Jetza hör amol aaf mit deiner blädn Zipflhaum! Des is doch nimma zum ausholtn.

Er: Na kaaf eam holt des Monsterspül und des Puzzle, wennsd moinst.

Sie: Wennsd moinst, wennsd moinst. Allaweil soll i entscheidn! Des is doch dei Bua aa, ned bloß da mei.

Er: Also guat, na kaafma eam's Monsterspül, 's Puzzle und d'Mörtlmaschin, wal a Maschinengwehr kimmt mir net ins Haus. 'n ganzn Dog „ratatatatata", des gangad uns no o!

Sie: Owa sei bester Freind, da Schorschi, hod aa a Maschinengwehr!

Er: Na und? 'n Schorschi sei Voda safft jedn Dog 15 Holwe Bier, soll i deszweng aa 15 Holwe saffa?

Sie: Naa, bloß des ned! Also guat, kaafma'n Sepperl koa Maschinengwehr, sondern a Mischmaschin. Segst, Hans, jetza hamma doch mitanand de Gschenke für unsern Buam ausgmocht. Des is für mi a echte Partnerschaft, oder?

Er: Wer woaß, waar er ned mitana Zipflhaum aa zfriedn gwen!

Jeder, der Eltern oder gar Großeltern hat, kann ein Lied davon singen: Es ist nicht leicht, älteren Menschen zu Weihnachten das Passende zu schenken. Man meint es gut, aber man erwischt trotzdem ab und zu

Das falsche Geschenk

Sepp: Jaja, Oma, bald is wieder Weihnachten!

Oma: Omei, ja, wia de Zeit vergeht! Kaam host de wollern Strümpf eigraamt, brauchstas scho wieder!

Sepp: Genau, Oma! Und, host dir scho a Gschenk überlegt? Wos konnst denn braucha?

Oma: Nix! Sports eier Geld! I hob alles, i brauch nix!

Sepp: Mensch Oma! Du bist doch unser Beste! Mir hamma di alle gern! Und drum kriagst du vo uns a Geschenk! Magst wieder wos fürn Haushalt?

Oma *Ängstlich:* Naa, naa! Fürn Haushalt ned! Dann liawa an Eierlikör oder Diätpralinen!

Sepp: Ja wieso, hod dir ebba de Klobürstn letzts Johr ned gfolln?

Oma: Doch scho, a wunderbare Bürstn. Sie schaut wirklich guat aus. Owa i konns im Prinzip ned braucha.

Sepp: Ned? Ja, wieso denn ned? Du host doch koane ghabt und drum hamma dir oane gschenkt.

Oma: Ja, i woaß scho, dankschön dafür! Owa trotzdem, i brauch koane. I hobs bloß oamol hergnumma und seitdem liegts am Dachbodn obn. Und do bleibts aa!

Sepp: Bloß oamol hergnumma? Ja Oma, de konnst doch öfter hernehma!

Oma: Naa, konn i ned! I hobs scho beim ersten Mol gspannt: Des is nix für mi! I nimm liawa wieder a Papier, des kratzt ned aso!

Es ist der 24. Dezember – Heiliger Abend, 18 Uhr 30. Draußen hat es, wie jedes Jahr um diese Zeit, 16 Grad über Null, und es regnet. Die Familie, bestehend aus Vater, Mutter und dem kleinen Alfons, schreitet zur Bescherung. Die Mutter freut sich auf das gemeinsame Singen, Alfons auf die Geschenke und der Vater auf die Pfälzer mit Sauerkraut.

Stille Nacht

Mutter: So, Alfonserl, jetza gemma alle ins Wohnzimmer, dann singma mitanand „Stille Nacht".

Alfons: Derf i scho auspacka?

Vater: Jetza wortst, bis gsunga is! Reißde zamm! Hä, Muada, host du'n Ofa eigschalt, dass's Kraut firte wird? A Sauerkraut muaß mindestens a holwe Stund kocha, dass schee müld wird!

Mutter: Ja, i hob scho eigschalt. So, jetza singma. Stihille Naacht, heilige ... Singts holt mit!

Alfons: I konns ned.

Vater: I aa ned.

Mutter: A jeds Johr's Gleiche. Mit enk zwoa is a Kreiz. Do wüllmas a weng feierlich mocha, na stehts ehs do wia d'Noan. A jeds Johr's Gleiche. Na mog i aa nimma singa. I bin doch net enga Depp!

Alfons: Derf i dann scho auspacka, Papa, wenn d'Mama nimma singt?

Vater: Pack aus dei Glump, dass a Ruah is. Hoffentlich zreißts de Pfälzer ned!

Alfons: Oh, a Bulldog mit an Kreislmähwerk, oh, is der schee!

Mutter: Gell, Fonserl, a so a scheena Bulldog! Do konnst schee spielen damit.

Vater: So, des wars. Jetza essma!

Mutter: Lassda holt dazeit. Wia konnma denn bloß so verfressn sa. Lass doch den Buam z'erst allas auspacka.

	Do, Fonserl, do is no a Gschenk, des muaßt aa no aus-

Do, Fonserl, do is no a Gschenk, des muaßt aa no auspacka. Mei, hod dir's Christkindl vül brod!

Vater: D'Wirscht wenns zreißt, na hods enk, alle zwoa. Pack schneller aus, Fonse! Do gnockta do wia a Depp und fummelt an de Packerln umanand. Mensch, is des Kind langsam. Schlof ned ei! D'Wirscht wenns zreißt, na isma da ganz Heile Obnd verdorbn. A Weihnachtn mit zrissne Wirscht, aus waars!

Mutter: Jetza sa amol staad mit deine blädn Wirscht. Host denn du iwahaupt koan Anstand? 's Kind gfreitse, wal's Christkindl do wor und du plärrst umanand wenga deine Wirscht.

Alfons: Schau Papa, an Saurier hod mir's Christkindl aa no brod.

Vater: Ja, ja, a scheene Sau. Jetza essma. Mahlzeit!

Alfons: Koa Sau, Papa, a Saurier! Des is a Brontosaurus. An sechan hod da Franze aa. Endlich hob i aa oan. Mit an blaua Schwanz! Gell, Papa, der is toll.

Mutter: Omei, Fonserl, is des a scheena Saurier. Und a so a toller blaua Schwanz! Papa, sog holt aa wos!

Vater: Ja, spinnts ehs total? Schaunt awl den blädn Schwanz o, und in da Küch zreißts d'Wirscht. Jetza geh, Fonse, dua den Schwanz weg, jetza essma!

Alfons: Schau her, Papa, wennma den Schwanz draaht, dann duat da Saurier d'Zung aussa und schreit „Bööööh".

Vater: Also Sachern gits! Jetza kommts, essma!

Alfons: Derf i'n Bulldog und's Kreislmähwerk und'n Saurier zum Essn mitnehma?

Vater: Vo mir aus. Muada, dua d'Wirscht aussa!

Mutter: Also guat, na gemma holt zum Essn, dass a Ruah is. Do schau her, ned oa Wurscht hods zrissn, und du host a sechane Nout ghod.

Vater: Owa lang hätts nimma dauert. De schaund aus, wia wennses jedn Moment zreißn daad. Jedn Moment!

Mutter: A, du mit dein Schmaatz. An guatn!

Alfons: Papa, mog a Saurier eigentlich a Kraut?

Vater:	Aaf gor koan Fall!
Alfons:	Warum ned, Papa?
Vater:	Waalsna sunst blaaht. Drum sans o ausgstorm, de Saurier. De hammand sovül Kraut gessn, dass's alle zrissn hod.
Alfons:	Wia d'Wirscht?
Vater:	Wia d'Wirscht!
Mutter:	Vazühl doch dem Kind koan sechan Kaas. D'Saurier hods doch net zrissn, des is doch a glatter Krampf.
Vater:	Bist du dabeigwen, wias ausgstorm san?
Mutter:	Natürlich ned.
Vater:	Also! Dann brauchst aa mi ned vor dem Kind als Deppn histelln. Und jetza holts enga Maal und eßts!
Alfons:	Papa, worum zreißts uns ned, wennma a Kraut essn?
Vater:	Walma koi Saurier ned san. Jetza iß und bi staad.
Mutter:	Des is richtig idüllisch, gell, aso a kloane Weihnachtsfeier mit da Familie. I gfrei mi scho aafs naxte Weihnachtn. Omei, wos werma denn do allas mocha?
Vater:	Also, wennsd mi fragst: Weißwirscht!

Es ist oft erforderlich, dass der Nikolaus noch sachdienliche Hinweise entgegennimmt, bevor er das Wohnzimmer mit den darin befindlichen Kindern betritt. Er muss ja wissen, mit wem er es zu tun hat, ob und was jemand angestellt hat und welche Geschenke welches Kind bekommt. Es gibt allerdings auch Fälle, da müsste es der Nikolaus eigentlich schon vorher wissen.

Der ahnungslose Nikolaus

Mutter: Also Nikolaus, pass aaf: D'Kinder wartn scho im Wohnzimmer aaf di. Da Ludwig und die Frauke!

Nikolaus: Jaja, des woaß i scho, Ludwig und Frauke!

Mutter: Guat! Da Ludwig is neun Jahre alt und d'Frauke vier.

Nikolaus: Wos? Neun Jahre is da Ludwig scho? I hobma denkt, er waar erst achte!

Mutter: Naa, neun is er. Er woaß natürlich, dass du koa echter Nikolaus bist, owa er macht mit, da Frauke zuliebe. Weil sie is ja no total gläubig. Sie glaubt ja aa no an den Storch!

Nikolaus: Und da Ludwig?

Mutter: Der nimmer! Der hod mi letztdings gfragt, ob i scho amol a Eileiterschwangerschaft ghabt hob!

Nikolaus: Mit 9 Johrn? Ja kruzenalln!

Mutter: Also Nikolaus! Du bist fei eigentlich a Heiliger! Do fluachtma ned!

Nikolaus: Äh, Entschuldigung! Owa do bin i scho baff, wos der Bua fragt!

Mutter: Jamei, heitzudogs is des aso. Owa er sagt da Frauke nix, do nimmt er scho Rücksicht.

Nikolaus: Gottseidank! Jaja, er is scho a netter Kerl, ha?

Mutter: Naja, wiamas nimmt. Do sollst eam natürlich aa a wengerl schimpfa, ned bloß lobn!

Nikolaus: Ah geh?

Mutter:	Ja, zum Beispiel wegen dera ewigen Computerspielerei. Der spielt sage und schreibe zwoa Stund am Dog Computer und Game-Boy!
Nikolaus:	Ja gibts des aa! Also aso gehts ned! Do schimpf eam dann scho a weng! Der wird ja auf Dauer bläd!
Mutter:	Eben! Und damit waarma scho beim nächsten Problem: Die Schule!
Nikolaus:	In wos für a Klass geht er denn? In de dritte, oder?
Mutter:	Naa, seit September scho in de vierte!
Nikolaus:	Mensch, wia de Zeit vergeht! Und? Wia laffts in da Schul? Alles roger?
Mutter:	Von wegen! Er strengtse überhaupt ned o! Da Lehrer sagt, er waar ned dumm, owa's Problem is, dass eam alles wurscht is. Der wenn an Vierer kriagt, dann lochta bloß!
Nikolaus:	Da Lehrer?
Mutter:	Naa, da Ludwig! *Kopfschüttelnd:* Doch ned da Lehrer! Mensch, Nikolaus, denk holt mit!
Nikolaus:	Naa, is scho klar. Ja, hm, des is natürlich nix. Lerna sollta scho, der Baraber! Do werd i dann glei sogn zu eam: „Ludwig, wennst du über einen Vierer lachst, dann duat dich der Niglo in sein Sack eine und nimmt di mit!" Des werd i ungefähr sogn.
Mutter:	Do konnstna ned beeindrucken! Er woaß ja, dass du ned da echte Nikolaus bist.
Nikolaus:	Des stimmt! Do konn eam ned beeindrucken. Des juckt den weniger, schätz i. Hm, wos machma do?
Mutter:	Am ehesten gangs über die Finanzen! Am Geld wenn er's gspürt, dann wird er katholisch. Des duat eam weh!
Nikolaus	*Grinsend:* Aha! Hähä! Des is natürlich a guada Tipp. Do sog i dann zu eam: „Lus, Bürscherl! Wennst du no oamol über an Vierer lochst, dann wirst enterbt!" Guat, ha?
Mutter:	Doch ned enterbt! Der woaß ja gor ned, wos des genau bedeit!

Nikolaus: Aso! Hm, schwierig, schwierig!

Mutter: Naja, so schwierig is des ned. Sog einfach, wenn er dem Herrn Hofer ned besser folgt, dann gibts bloß no d'Hälfte Taschengeld!

Nikolaus: Ey, des is guat! Do wirda schaun! Wer is eigentlich da Herr Hofer?

Mutter: Sei Lehrer!

Nikolaus: Ach ja, logisch, sei Lehrer! *Notiert in sein Buch:* „Herrn Hofer folgen! Nicht soviel Computer spielen!" War sunst no wos?

Mutter: Ja, oans waar no wichtig: Er soll mehr Gmias essn und Salat und ned soviel Wurst!

Nikolaus: Wobei natürlich d'Wurst besser schmeckt! Des woaß i aus Erfahrung.

Mutter: Des is mir scho klar, dass du des aus Erfahrung woaßt. Owa i find des ned normal, dass a neunjährigs Kind als Abendessen a drei Zentimeter dicke Scheibn Leberkaas ißt. Der wenn so weidamocht, dann wird er so wampert wia sei Voda.

Nikolaus: Naja, so dick is sei Voda aa wieder ned!

Mutter: Mir glangts! Naa, des mit dem Essen muaßma eam als Nikolaus scho sogn!

Nikolaus: Okay! *Notiert in sein Buch:* „Salat statt Wurst!" Und des waars dann beim Ludwig?

Mutter: Im Großen und Ganzen. I hoff, er nimmtse des a wengerl zu Herzen.

Nikolaus: Und nix Positives hamma gor ned bei eam?

Mutter: Doch, scho! A bisserl lobn solltma'n scho aa, do host du recht Nikolaus! Er passt oft aaf sei kloane Schwester aaf. De liebt er ja heiß und innig, sei Fraukerl!

Nikolaus: A geh? Des is owa liab!

Mutter: Ja, gell!

Nikolaus: Dann hod er aa a Gschenk verdient. Wos wünschtase denn?

Mutter: Er hod eigentlich nur oan Wunsch: Dass sei Papa öfter für eam Zeit hätt'. Des waar für eam's größte Gschenk!

28

Nikolaus: Hm. Ja guat, sowos hodma natürlich ned im Sack drin. Owa i versprich eam dann als Nikolaus, dass sei Papa öfter für eam Zeit hod.

Mutter: Mei, des waar toll! Do daad er se gfrein.

Nikolaus: Alls klar, des haut scho hi. Und d'Frauke? Wia schauts do aus? Gibts do Probleme in da Schul?

Mutter: Also Nikolaus! Sie is doch erst vier!

Nikolaus: Ach ja, genau! Mensch, i bin ganz durchananda! In dem worma Kostüm und mit dem Bort, do gibt's im Hirn direkt an Hitzestau. Also bei da Frauke waar dann nix zum Tadeln?

Mutter: Noja, sie solltert halt aa mehra Salat essen und Gemüse!

Nikolaus: Ißts aa soviel Leberkaas wia da Bua?

Mutter: Naa, koan Leberkaas! Süßigkeiten!

Nikolaus: Omei, de Süßigkeiten! Des is a Kreiz! *Notiert ins Buch:* „Salat hui, Süßigkeiten pfui!" Und sunst? Alles klar mitn Deandl?

Mutter: Ja, sie is a recht a netts Kind. Drum hob ihr aa de Puppn kafft, de wos sie scho lang mog. Do schau her, duas in dein Sack eine!

Nikolaus: A schöne Puppn! Und da Bua kriagt gor nix?

Mutter: Doch. Dem hob i a neis Computerspiel kafft.

Nikolaus: Owa dann spielt er ja no mehra Computer!

Mutter: Jamei, wos willst macha! Wenn eam holt sunst nix gfallt. Do schau, duas eine in dein Sack!

Nikolaus: Komisch is des fei scho. I sog dann praktisch: „Schauma amal, wos da Nikolaus in sein Sack drin hat: Ja, do schau her, ein wunderbares Computerspiel! Toll! Aber spiel' fei ned damit!" Komisch is des scho!

Mutter: Du brauchst ja ned sogn, dass er überhaupt ned spieln soll damit! Er sollse holt zeitlich a weng zruckhaltn.

Nikolaus: Okay! Des sog i dann. Ja guat, des waars dann soweit. Dann kannte's packa.

Ludwig, der Sohn, kommt plötzlich aus dem Wohnzimmer.

Ludwig   *Zum Nikolaus:* Jetza geh, Papa, fang endlich o! D'Frauke konns scho nimmer derwartn, dass da Nikolaus kimmt.

Nikolaus: Bin praktisch scho unterwegs, Ludwig! Geh eine und sog zu ihr: Der Nikolaus kimmt sofort!

Ludwig: Alles klar, Papa, bis dann! I gfrei mi scho! Bist guat draff?

Nikolaus: Eh klar! Jetza schau, dass'd einekimmst!

Ludwig saust wieder ins Wohnzimmer.

Nikolaus: Also nacha, Hildegard, auf geht's!

Beide gehen unter lautem „Hoho" des Nikolauses ins Wohnzimmer.

Auch über die Adventszeit macht sich ein Kind so seine Gedanken:

Apfent

Der Apfent ist die schönste Zeit vom Winter.
Die meisten Leute haben im Winter eine Grippe. Die ist mit Fieber. Wir haben auch eine, aber die ist mit Beleuchtung und man schreibt sie mit K.
Drei Wochen bevor das Christkindl kommt, stellt Papa die Krippe im Wohnzimmer auf und meine kleine Schwester und ich dürfen mithelfen. Viele Krippen sind langweilig, aber die unsere nicht, weil wir haben mords tolle Figuren darin. Ich habe einmal den Josef und das Christkindl auf den Ofen gestellt, damit sie es schön warm haben und es war ihnen zu heiß. Das Christkindl ist schwarz geworden und den Josef hat es auf lauter Trümmer zerrissen. Ein Fuß von ihm ist bis in den Plätzlteig geflogen und es war kein schöner Anblick. Meine Mama hat mich geschimpft und gesagt, dass nicht einmal die Heiligen vor meiner Blödheit sicher sind.
Wenn Maria ohne Mann und ohne Kind herumsteht, schaut es nicht gut aus. Aber ich habe Gottseidank viele Figuren in meiner Spielkiste und der Josef ist jetzt Donald Duck. Als Christkindl wollte ich den Asterix nehmen, weil der ist als einziger so klein, dass er in den Futtertrog gepaßt hätte. Da hat meine Mama gesagt, man kann doch als Christkindl keinen Asterix hernehmen, da ist ja das verbrannte Christkindl noch besser. Es ist zwar schwarz, aber immerhin ein Christkindl.
Hinter dem Christkindl stehen zwei Oxen, ein Esel, ein Nilpferd und ein Brontosaurier. Das Nilpferd und den Saurier habe ich hineingestellt, weil der Ox und der Esel waren mir allein zu langweilig.
Links neben dem Stall kommen gerade die heiligen drei Könige daher. Ein König ist dem Papa im letzten Apfent beim Putzen

heruntergefallen und war dodal hin. Jetzt haben wir nur mehr zwei heilige Könige und einen heiligen Batman als Ersatz. Normal haben die heiligen drei Könige einen Haufen Zeug für das Christkindl dabei, nämlich Gold, Weihrauch und Pürree oder so ähnlich. Von den unseren hat einer anstatt Gold ein Kaugummipapierl dabei, das glänzt auch schön. Der andere hat eine Marlboro in der Hand, weil wir keinen Weihrauch haben. Aber die Marlboro raucht auch schön, wenn man sie anzündet. Stinken tut der Weihrauch besser.

Der heilige Batman hat eine Pistole dabei. Das ist zwar kein Geschenk für das Christkindl, aber damit kann er es vor dem Saurier beschützen.

Hinter den drei Heiligen sind ein paar rothäutige Indianer und ein kaasiger Engel. Dem Engel ist ein Fuß abgebrochen, darum haben wir ihn auf ein Motorrad gesetzt, damit er sich leichter tut. Mit dem Motorrad kann er fahren, wenn er nicht gerade fliegt.

Rechts neben den Stall haben wir ein Rotkäppchen hingestellt. Sie hat eine Pizza und drei Weizen für die Oma dabei und reißt gerade einen Steinpilz ab. Einen Wolf haben wir nicht, darum lurt hinter dem Baum ein Bummel als Ersatz-Wolf hervor.

Mehr steht in unserer Krippe nicht, aber das reicht voll. Am Abend schalten wir die Lampe an und dann ist unsere Krippe erst so richtig schön. Wir sitzen so herum und singen Lieder vom Apfent. Manche gefallen mir, aber die meisten sind mir zu lusert. Mein Opa hat mir ein Gedicht vom Apfent gelernt und es geht so: „Apfent, Apfent, der Bärwurz brennt. Erst trinkst oan, dann zwoa drei vier, dann hautsde mit dein Hirn an d'Tür!" Obwohl dieses Gedicht recht schön ist, hat Mama gesagt, dass ich es mir nicht merken darf.

Im Apfent wird auch gebastelt. Wir haben eine große Schüssel voll Nüsse und eine kleine voll Goldstaub. Darin wälzeln wir die Nüsse, bis sie golden sind und das Christkindl hängt sie später an den Christbaum. Man darf nicht fest schnaufen, weil der Goldstaub ist dodal leicht und er fliegt herum, wenn man hinschnauft.

Einmal habe ich vorher in den Goldstaub ein Niespulver hineingetan und wie mein Vater die erste Nuss darin gewälzelt hat, tat er einen Nieserer, dass es ihn gerissen hat und sein Gesicht war goldern und die Nuss nicht. Mama hat ihn geschimpft, weil er keine Beherrschung hat und sie hat gesagt, er stellt sich dümmer an als wie ein Kind. Meinem Vater war es recht zuwider und er hat nicht mehr mitgetan. Er hat gesagt, dass bei dem Goldstaub irgendetwas nicht stimmt und Mama hat gesagt, dass höchstens bei ihm etwas nicht stimmt. Ich habe mich sehr gefreut, weil es war insgesamt ein lustiger Apfentabend.

Kurz vor Weihnachten müssen wir unsere Wunschzettel schreiben. Meine Schwester wünscht sich meistens Puppen oder sonst ein Glump. Ich schreibe vorsichtshalber gleich mehr Sachen darauf und zum Schluss schreibe ich dem Christkindl, es soll einfach soviel kaufen, bis das Geld ausgeht. Meine Mama sagt, das ist eine Unverschämtheit und irgendwann bringt mir das Christkindl gar nichts mehr, weil ich nicht bescheiden bin. Aber bis jetzt habe ich immer etwas gekriegt. Und wenn ich groß bin und ein Geld verdiene, dann kaufe ich mir selber etwas und bin überhaupt nicht bescheiden. Dann kann sich das Christkindl von mir aus ärgern, weil dann ist es mir Wurscht.

Bis man schaut, ist der Apfent vorbei und Weihnachten auch und mit dem Jahr geht es dahin. Die Geschenke sind ausgepackt und man kriegt bis Ostern nichts mehr, höchstens, wenn man vorher Geburtstag hat.

Aber eins ist gwies: Der Apfent kommt immer wieder.

Gibt es etwas Schöneres, als wenn zwei Enkelkinder an einem Adventsabend gebannt den Worten der gütigen Oma lauschen, wenn diese etwas Interessantes erzählt? Wohl kaum! Und wovon erzählen Omas leidenschaftlich gerne? Genau! Von

Früher

Paul: Oma, erzählst uns a Geschichte?
Lisa: Ouja, bitte Oma! A Geschichte vo Weihnachten!
Oma: Wollts oane hörn?
Lisa: Ja, bittebitte!
Paul: Owa a coole!
Oma: Mei, obs cool is, des woaß i ned. Aaf jeden Fall erzähl i eich jetza a Geschichte, wia Weihnachten früher war, wia i no a kloans Deandl war. Genau aso wia du, Lisa!
Lisa: Hihi!
Paul: Hods do no Höhlenmenschen gem?
Oma: Naa, Paul, de hods nimmer gem. So lang is des aa wieder ned her! Höhlenmenschen hods do scho lang nimmer gem.
Paul: Owa Römer!
Oma: Aa ned! D'Römer san ja scho fast 2000 Johr ausgstorm. Und wia i a kloans Deandl war, des is erst ungefähr 60 Johr her.
Lisa: Genau Oma! So olt bist du aa wieder ned, gell?
Oma: Owa ehrlich, Lisa! So olt bin i aa wieder ned. Dankschön!
Lisa: Owa Weihnachten hods scho gem, gell, Oma?
Oma: Genau! Weihnachten scho! Des gibts scho, seit dass's Jesukindlein geboren is.
Paul: D'Römer hod alle da Obelix zammghaut. Radebuz! Zackbumm!
Oma *Irritiert:* Wos?

34

Lisa: Paul, sei doch staad! D'Oma kennt doch'n Obelix gor ned!

Oma: Naa, den kenn i ned. Geht der mit dir in d'Schul, Paul?

Paul: Naa Oma, des is doch a Gallier! Der mit dem Hinkelstoa!

Oma: Du moanst wahrscheinlich a Hinkerter mit an Gallenstoa.

Paul: Ha?

Lisa: Mensch Paul! Jetza lass halt d'Oma erzähln, wia Weihnachten früher war!

Paul *Bockig:* Ja guat, i moan ja bloß!

Oma: Jetza dua di ned owe, Paul! Des vom Onkel Fritz konnstma ja a anders Mol erzähln.

Paul: Ned Onkel Fritz! O-be-lix!

Oma: Is scho recht. Also: Jetza erzähl i eich, wia Weihnachten früher war. Wir Kinder, wir ham uns scho's ganze Johr gfreit aaf Weihnachten, weil do hods Plätzln gem!

Lisa: Wieso bloß Weihnachten? Warum seids denn ned zum Aldi ganga, do gibts immer Plätzln!

Oma: Omei, Deandl! An Supermarkt hods ja damals no gor ned gem!

Paul: Wahnsinn! Wo hodma denn dann eikafft? Bloß im Internet? Sogor d'Fischstäbchen?

Oma: Naa naa, Paul! A Internet hods aa ned gem! Und Fischstäbchen sowieso ned!

Paul: Ja wos? Dann san ja alle verhungert! Oder hamm de bloß allaweil Döner gessn vom Dönerstand?

Oma: An Dönerstand hods aa ned gem!

Paul: Vo wos hamm denn dann de ganzn Türken glebt?

Oma: De hods aa ned gebn!

Paul: Wahnsinn! Do hods ja überhaupt nix gebn!

Lisa: Gell Oma, ihr warts ganz arm! Du host den ganzn Dog bloß a verschimmelts Brot glutscht!

Paul: Ja pfui Deifl!

Oma: Naa Lisa, so schlimm wars aa wieder ned! Mir hamma ja an kloan Bauernhof ghabt. Do hods a Milch gem vo de Kühe.

Paul: Fettarm?

35

Oma: Also Paul! A Kuh gibt doch koa fettarme Milch! De gibt a ganz a normale.

Paul: 3,5 Prozent?

Oma: So genau woaß i des aa ned. A Milch holt.

Lisa: Gell, Oma, schwarze Kühe gebn an Kakao?

Oma: Naa Lisa, de gebn aa a Milch! Hahaha! An Kakao! Wer hod dir denn des erzählt?

Lisa: Da Paul! *Zu Paul:* Du Aff'!

Paul: Weilst du jedn Kaas glaubst! Selber schuld!

Oma: Jetza duats holt ned streitn! Aaf jeden Fall hamma a Milch ghabt von de Kühe. Und dann hamma selber Brot bacha mit unsern eigenen Mehl. Und im Gortn hamma an Salat ghabt und Bohnen und Johannisbeern. Mei, schee wars damals! So schlecht is uns gor ned ganga!

Lisa: Owa du wolltst uns doch vo Weihnachten wos erzähln!

Oma: Ach ja, genau! Ja, und Weihnachten, des war dann da Höhepunkt vom ganzen Johr. Weil an Weihnachten, do is dann a Sau gschlacht worn. Do hammse alle gfreit!

Paul: D'Sau aa?

Oma: De weniger. Owa sunst wors für de ganze Familie ein Riesengfetz! Do hods Bluatwürscht gem und Leberwürscht, an wunderbaren fetten Pressog, mmhhh!

Paul: Oma, bi staad, mir is scho ganz schlecht!

Lisa: Mir aa! Und de Kalorien!

Oma: Wos für Kalorien?

Lisa: Noja, von de Würscht und dem Pressog. D'Mama sagt, hundert Gramm Pressog hamm mehr Kalorien als a Kilo Tomaten!

Oma: Des mog scho sei. Owa damals hodma gor ned gwisst, dass überhaupt Kalorien gibt. Do hod kein Mensch aaf sowos gschaut. Do hodma gessn und aus!

Paul: Oläck! Hods do ned manche Leit zrissn?

Oma: Naa Paul, zrissn hods do koan. Do hodma ja's ganze Johr bescheiden glebt. Do wars ned aso wia heit, dassma pfundweis Schokolad und Chips in da Speis hod und jeden Abend vorm Fernseh hockt und einemampft.

Paul: Hodma do ohne alles Fernseh gschaut?

Oma: Do hodma überhaupt ned Fernseh gschaut, weils no koan Fernseh gem hod!

Lisa: Ah geh, Oma, des gibts doch ned!

Oma: Doch, Lisa, wenn i dir's sog: Wia i no a Kind war, hods no koan Fernseh gem!

Lisa: Ja, owa wo hamm denn dann d'Leit de ganze Zeit higschaut?

Paul: Und mit wos hamms Videocassettn ogschaut?

Lisa: Und wos hamms am Heiligen Abend gmocht? Man konn doch ned einfach dositzn und bläd schaun.

Oma: Omei Kinderla! Do segtmas wieder, wia eich der Fernseh scho verdorbn hod! Man konn doch aa ohne Fernseh wos mocha!

Paul: Ehrlich? Wosn?

Oma: Jetza überleg amol, Paul: Wos konnma außer Fernseh schaun no mocha? Wos mochst du zum Beispiel, wenn da Fernseh aus is?

Paul: Computer spieln!

Lisa: A CD hörn!

Oma: Uiuiuiui, wos is denn des für a Welt heitzudogs! Kinnts eich ihr denn gor nimmer sinnvoll beschäftigen? Mir samma als Kinder stundenlang Schlitten gfohrn! Mei, des wor a Gaude!

Paul: Wo habts denn den Schnee herghabt?

Oma: Wia herghabt? Vom Himmel isa owagfolln!

Lisa: Einfach so? Ohne Schneekanone?

Oma: Einfach so! *Schwärmend:* Mei, des warn no Winter! Alls vowaht, dicke Eiszapfa an de Dächer und drin a worme Stubn!

Paul: Owa koan Fernseh!

Oma: Ach, Fernseh! Koa Mensch hod an Fernseh braucht! Do isma zammgsessn und hodse Gschichtn erzählt vo früher.

Lisa: Wia früher? Des *war* ja scho früher!

Oma: Scho, owa de Gschichtn warn vo no früher!

Paul: Wos, no früher? Do hods owa dann scho no Höhlenmenschen gem!

Oma: Naa, Paul! Wos host denn du allaweil mit deine Höhlenmenschen? Des war holt de Zeit, wia mei Oma no a kloans Deandl war. Vo dera Zeit hod uns mei Oma erzählt. Grod aso, wia eich jetza erzähl. Und mir hamma glust, grod aso wia ihr jetza lusts. Und manchmal war d'Nachbarin do und de hod aa schöne Gschichtn gwisst. Mei, es war einfach wunderbar! Am Tisch is wos guats zum Essn gstandn.

Paul: Chips?

Oma: Ach, doch koi Chips!

Lisa: Gummibärln?

Oma: Naa, so an Zeig hods ja no ned gem. A Mongbrout is am Tisch gstandn ...

Paul: A wos?

Oma: Ein Magenbrot! Und Äpfel und dirrde Zwetschgen ... *gerät in Verzückung* ... mmhhh, ich riach no den guatn Duft vo damals! Mei, schee wars! Und mir Kinder, mir hamm glust, weil de Gschichtn, de wos de Ältern gwisst hamm, de hamm uns so guat gfolln.

Lisa: Wos warn nacha des für Gschichtn, Oma?

Paul: Wahrscheinlich vom Sepperl und vom Reserl! Weil da Oma ihrane Gschichtn san allaweil vom Sepperl und vom Reserl.

Oma: Naa Paul, in da Weihnachtszeit, do hodma andere Gschichtn erzählt. Unheimliche Gschichtn! Zum Beispiel, wias gweizt hod!

Paul: Wos hods?

Lisa: Gweizt hods!

Paul: Wos is nacha des?

Lisa: Des woaß i aa ned. Oma, wos isen des?

Oma: Mei, da segtmas wieder, wiase de Zeiten ändern! Ihr wissts ned amol mehr, wos weizn is.

Paul: Aso Weizn! Des woaß i scho! Des trinkt da Papa immer im Biergartn!

Oma: Doch ned des, Paul! Weizn, des bedeit, dass a arme Seele koan Fried ned find und rastlos in da Welt umanandairrt. De möcht' endlich erlöst wern vo ihrane Qualen und de dürstet nach ewiger Ruhe!

Paul: Und drum trinkts a Weizn!

Oma: De trinkt doch koa Weizn!

Lisa: Bist du dumm, Paul! A Seele konn ja gor nix trinka! De hod doch koan Mund, gell Oma?

Oma: Genau, Lisa! De is als Irrlicht unterwegs. Mei, do woaß i a scheidsame Gschicht!

Paul: Wos für a Gschicht?

Oma: A unheimliche! De hod mir mei Oma erzählt! Wia mei Oma no kloa war, do hods amol an an finstern, koltn Adventsabend d'Milch gholt ...

Paul: Wo denn?

Oma: Vom Bauer! Also, sie hod d'Milch gholt und wor grod am Heimweg. Durch den diafn Schnee is gstapft, da Wind hod braust und gwaaht hods zum Fürchtn!

Paul: Cool!

Oma: Mei, wos hoaßt cool. Aafamol hods vor sich a kloans Liachtl gseng in da Dunkelheit. Des is in da Luft gschwebt und hod ganz unheimlich gseufzt: „Bitt' für mich!" Des war nämlich a arme Seele, de gweizt hod!

Paul: Ja, owa wia hods denn des sogn kinna? De hod doch koan Mund, des host du selber gsagt!

Oma: Ja, scho. Owa a Irrlicht konn aa ohne Mund reden.

Paul: Und Weizn trinka ned?

Lisa: Jetza bi holt amol staad, Paul! Oma, wia isen de Gschicht weidaganga mit dem Teelicht?

Oma: Irrlicht, ned Teelicht!

Lisa: Ach ja, Irrlicht! Wos hod denn dei Oma gmocht, wia de arme Seele gsagt hod „bitt für mich"?

Oma: Z'erst wollts davolaffa, owa dann hodsase denkt „omei, du armes Irrlicht" und dann is steh' bliem und hod für des Irrlicht ein Gebet gsprocha.

Lisa: Wosn für a Gebet?

Oma: Mei, a Gebet holt. Des woaß i jetza aa nimmer so genau.

Paul: Vielleicht „Herr sei unser Gast und segne, was du uns bescheret hast"?

Oma: Des glaub i weniger. Owa des is ja wurscht. Aaf jeden Fall hod mei Oma zum Schluss gsagt: „I wünschda den ewigen Frieden!" Und dann is des Licht immer größer worn und ganz hell und hod gstrahlt und dann, ssst, is in Himmel affegsaust und furt wars. Kaam wars furt, hod da Sturm aafghört und es war ganz staad und dunkel und friedlich und d'Schneeflocken san ganz leise durch d'Luft gschwebt. Wia Federn. Und d'Oma hodse ganz glücklich gfühlt. Ja, aso war des damals!

Lisa *Fasziniert:* Oläck!

Paul: Und d'Milch?

Oma: Wos für a Milch?

Paul: No, de Milch, de wos dei Oma vom Bauer gholt hod! Dahoam hod doch bestimmt scho d'Mama vo deiner Oma aaf de Milch gwort. Und dei Oma steht umananda und ratscht mit an Irrlicht. Hod do ihra Mama ned gschimpft?

Lisa: Weil unser Mama sagt immer, man soll mit Fremde ned reden!

Oma: Des mog scho sei, owa a Irrlicht is doch koa Fremder!

Paul: Also für mi scho. I kenn ned oans!

Oma: Also Kinder, sagts amol, verstehts ihr des ned? De Gschicht is doch ganz wos bsonders! Des war doch a Wunder, wos do gschehn is! Des is doch wurscht, ob de Milch zehn Minuten friaha oder später dahoam war und ob des Irrlicht fremd war oder ned. Des war a weihnachtliches Wunder! Damals, do hamm d'Leit no a Gspür ghabt für sowos. *Frustriert:* Owa heit, heit is alls anders. Koana mehr hod Zeit, dass er in Ruhe über a Gschicht nochdenkt. Und Irrlichter gibts scho lang nimmer.

Paul: De san alle durchs Ozonloch ab!

Oma: Wahrscheinlich.

Lisa: Oma, sei ned traurig! Des war a schöne Gschicht!

Paul: Ja, echt cool! Erzählst uns morgn wieder oane?
Oma: No freilich!
Lisa: Und wos für oane?
Oma: Morgn erzähl i eich de Gschicht, wia da kloane Karl sich ganz, ganz fest a Radl gwünscht hod vom Christkindl. Owa seine Eltern san ganz arm gwen und hamm nix kaffa kinna. Und dann, oan Dog vorm Heiligen Abend, is aafamol ganz wos wunderbars passiert.
Lisa: Oläck!
Paul: Wos isen do passiert? Hoda a Mountain-Bike gfundn, da Karl?
Oma: Des erzähl i eich morgn! Jetza glaub i miaßts langsam ins Bett! Es is scho holwe zehne. *Plötzlich mit starrem Blick zum Fenster:* Oh! Oh! Schauts ausse! Ja, dass i des no dalebn derf! A Irrlicht! Des schwebt in da Luft und flackert! Schauts ausse! Gott im Himmel!
Paul: Naa Oma, des is ned da Gott im Himmel! Des is da Papa aaf da Terrassn. Der zündse oane o, weil er im Haus ned raucha derf!

Eine meines Erachtens schöne Einrichtung in Bayern sind die (leider immer weniger) zahlreichen Stammtische. Man trifft sich zum zwanglosen Gespräch über Gott und die Welt und genießt die vertraute Umgebung bei einer gemütlichen Halbe Bier, seit Einführung der 0,5-Promille-Grenze vermehrt auch bei einer nicht ganz so gemütlichen Apfelschorle.

Das Schöne am Stammtisch ist unter anderem die Tatsache, dass soziale Standesunterschiede praktisch keine Rolle spielen. Der Arzt ist genauso angesehen wie der Metzgermeister, obwohl Letzterer deutlich mehr verdient. Und die Hausfrau genießt die gleiche Hochachtung wie die promovierte Juristin, obwohl diese arbeitslos ist.

Gekrönt wird das Stammtischdasein durch gelegentliche Highlights wie zum Beispiel einen Ausflug oder auch eine

Stammtischweihnacht

Vorstand: Liebe Stammtischbrüder und -schwestern! Ich begrüße eich alle zu unserem monatlichen Treffen! Es ist zwar erst September, aber ich habe mir gedenkt, wir könnten schon jetzt über unsere alljährliche Stammtischweihnacht diskutiern.

Hans: Ja, wieso diskutiern? Mochmas holt wia alle Johr. Es gibt umasunst an Punsch und an Schweinshaxn und d'Frauen bringan Plätzln mit! Is doch allaweil recht gmiatlich.

Vorstand: Des scho. Owa i hob mir denkt, mir kanntma des ganze amol besinnlich gestalten.

Sepp: Besinnlich? Ja guat, dann singma holt vorm Schweinshaxn „Stille Nacht".

Hans: I konn ned singa. Wenn, dann erst noch drei, vier Punsch. Eventuell!

Vorstand: Naa, i moan des anders. Mir kanntma doch amol a Krippenspiel aafführn. Wos Kulturells praktisch.

Iris:	A Krippenspiel? Des find i guat. Des waar amol wos anders als de ewige Fresserei.
Sepp:	Also, i woaß ned. Moanst wirklich? Wer soll denn des spieln?
Vorstand:	I hob mir do scho meine Gedanken gmocht. I seg des scho direkt bildlich vor mir. Des daad losgeh mit dem Stern von Bethlehem. Der Stern, des waarst du, Hans.
Hans:	Wos, i? A Stern?
Sepp:	Des passt. Weil du bist eh meistens sternhagelvoll!
Hans:	Reißde bloß zamm!
Vorstand:	Seids amol staad! I hätt' gmoant, dassma mir'n Hans zur Eröffnung vo dem Spiel als Stern durch's Lokal trogn. Mit an goldenen Schweif.

Allgemeines Gelächter.

Hans:	I glaub, di hamma nimmer lang! I lass mir doch koan goldernen Schweif mocha! Wos glaubst, wos do los is, wenn mir a golderner Schweif aussahängt!
Vorstand:	Jetza wort holt amol! Den Schweif, den daadma aus Papier ausschneidn und hintn an di drobicka.
Hans:	Aso. Dann is des wos anders! Weil vorn waars a Schmarrn gwen!
Vorstand:	Genau! Und dann daadma di im glänzerten Gewand mit dem Schweif durch's Wirtshaus trogn. Du waarst insofern da ideale Stern, weilsd ned so schwaar bist. Man muaß aa an de Träger denka.
Hans:	Des stimmt. Also guat, okay, dann moch i den Stern.
Vorstand:	Danke, Hans! Also, da Stern waar klar. Dann kemmand de drei Weisen aus dem Morgenland. Do hätt' i gmoant, des kanntn da Kare, da Sepp und da Rudi mocha. Besteht do Einverständnis?
Alfons:	Da Rudi a Weiser? Also, i woaß ned.
Rudi:	Wos soll denn des hoißn? Glaubst du vielleicht, i bin z'bläd für an Weisen? Bloß weilsd a Schullehrer bist?
Alfons:	I hob ja bloß gmoant, dassma eventuell bessere Weise

	hättn als di. Owa mir is des im Prinzip wurscht, vo mir aus moch den Weisen, wennst moanst!
Rudi:	Jetza mog i aa nimmer. A Verlegenheitsweiser will i aa ned sei. Mochna doch du, wennst so schlau bist!
Alfons:	I mochna scho, wenn des gewünscht wird.
Vorstand:	Jetza duats holt ned streitn! A jeder kriagt a Rolle. Alfons, daadst dann du an Weisen mocha?
Alfons:	Wega mir scho. Owa i will fei'n Rudi ned verdränga. Wenn er moant, dass er so weise is, dann solls er mocha.
Vorstand:	Da Rudi kimmt scho no dro. Mir brauchma ja aa an Ochs und an Esel.
Rudi:	Wos??? I glaub, i hör ned recht! Für an Ochs waar i ebba guat gnua? Naa, dann bin i ned einverstanden! Dann mog i doch a Weiser sei.
Vorstand:	Jetza hamm'n Dreg im Schachterl! Alfons, daadst du eventuell als Weiser zrucktretn?
Alfons:	Vo mir aus. Owa'n Ochs spiel i ned. Des kinnts ned vo mir verlanga. Leit, i bin a Pädagoge! I konn mi doch vor meine Schüler nimmer blicka lassn, wenn des aussakimmt, dass i a Ochs bin! Seidsma ned bös!
Sepp:	Do hod er recht! Des is zu krass, wenn da Schullehrer an Ochsn spielt. Des waar für d'Schüler a gfundns Fressn. Mir brauchma an andern Ochsn.
Vorstand:	Ja, und wen bittschön? I frog amol in die Runde: Wer daad freiwillig als Ochs zur Verfügung steh?

Schweigen im Walde bzw. am gesamten Stammtisch.

Wirt:	Also, wennse gor koaner find, i daads dann notfalls mocha.
Vorstand:	Kimmt nicht in Frage! Du muaßt eischenka und bei Bedarf den Lichtschalter betätigen! Du bist tabu. Als Ochs und überhaupt!
Wirt:	Okay, wenn's aso is, dann is aso. Owa i hätts gmocht, dass a Ruah is.

Sepp:	Jetza hätt i an Vorschlag: Franz, wennst du als Vorstand den Ochsn spieln daadst? Du host ja aa de Idee ghod mit dem Krippenspiel.
Rudi:	Des stimmt, Franz, do hod er recht!
Alfons:	Und wer recht hod, zohlt a Maß!

Allgemeines Gelächter.

Iris:	Franz, bitte moch den Ochs, dassma weidakemma!
Vorstand:	Hm ... also guat, i moch den Ochs. Owa i hoff, dass dann ned beim Esel des gleiche Gfetz gibt. Also, da Ochs waar dann quasi i. Jetza kemma amol zu oaner vo de Hauptrollen, und zwar zu da Maria. I moan, do samma uns einig, dass des d'Iris is.
Hans:	Du Iris, nix gega di persönlich, owa wor ned d'Maria a Jungfrau?
Iris:	Ha-ha-ha! Sehr witzig!
Hans:	Mei, a weng a Gspoaß muaß sei. Naa, d'Iris passt scho als Maria. Und außerdem is sowieso unser oanzige Frau, de wos heit anwesend is.
Sepp:	Wo is eigentlich d'Sabine?
Vorstand:	De is entschuldigt. De entbind' angeblich heit.
Kassier:	Ach du Schande! Dann miaßma wieder a Gschenk kaffa. Hamma eh koa Geld in da Kasse!
Pfarrer:	Ich darf doch sehr bitten! Wir sollten froh sein, wenn Gott uns einen neuen Erdenbürger schenkt! Da spielen doch ein paar Euro keine Rolle!
Kassier:	I hob ja bloß gmoant, weil d'Kasse knapp bei Kasse is. Oder zohln Sie des Gschenk, Herr Pfarrer?
Pfarrer:	Äh ... nein. Das sollten wir schon aus der Vereinskasse übernehmen. Lieber nehmen wir dann ein etwas kleineres.
Vorstand:	Des zahlma und aus! Jetza mochma weida mit unsern Krippenspiel. Also, d'Iris is d'Maria. Als Josef hätt' i eigentlich mi vorgseng. Owa des is jetza hinfällig, weil i da Ochs bin. Hm ... wen nehma denn als Josef?

Alfons:	Des kannt dann i mocha. Weil als Weiser bin i ja ned drokemma wegan Herrn Rudi.
Rudi:	Jetza bi amol staad, Schullehrer! De Weisen san erledigt! Do brauchst nimmer nochtarocken!
Alfons:	Ja, is scho guat! I hob ja gsagt, i verzicht aaf den Weisen. Owa i daad mi dann als Josef bewerben.
Vorstand:	Alfons, versteh mi ned falsch! Owa i find des ned guat, wennst du den Josef spielst.
Alfons:	Wieso findst du des ned guat?
Vorstand:	Schau dir amol d'Iris o! De is an Meter achtzge groß und du im Höchstfall oans fünfasechzge. Des schaut doch unmöglich aus! Aso a kloaner Josef und aso a Drumm Maria! Da Josef solltert scho a gwisse Respektsperson sei.
Alfons	*Empört:* Ja, bin i vielleicht koa Respektsperson?
Vorstand:	Des scho. Rein charakterlich bist natürlich scho a Respektsperson. Owa optisch ned. Vor allem neba da Iris. Stell dir vor, d'Maria sitzt hinter da Wiege und is voll sichtbar und vom Josef segtma bloß'n Kopf. I find des ned guat.
Rudi:	Alfons, do hod da Franz scho recht. Des schaut bläd aus. Als Josef bist du einfach zu kloa.
Alfons:	Du redst di leicht! Du bist a Weiser, owa i bin no gor nix!
Rudi:	Und wennst'n Esel mochst?
Alfons:	I glaub, du spinnst! Der is ja no peinlicher als da Ochs! Und der is scho ganz schee peinlich!
Vorstand:	Wos soll jetza des hoißn? Da Ochs bin fei i, dass des klar is! Is des vielleicht peinlich?
Alfons	*Beschwichtigend:* Naa, Franz! Des is ned gega di gricht. Für di is da Ochs angemessen, weil du bist a gstandna Metzgermoaster und über di locht koaner. Owa bei mir is wega de Schüler. Rein pädagogisch waar für mi sowohl da Ochs als auch da Esel eine glatte Katastrophe!

Vorstand:	Ja guat, dann lassama's eigeh! Owa mir brauchma z'erst an Josef, bevorma uns um an Esel kümmern kinna.
Pfarrer:	Äh, mit Verlaub, ich wäre auch noch frei!
Sepp:	Des werns aa bleibn, weil a Pforrer ned heiratn derf! Hähähä!
Pfarrer:	Ähem ... ich meine ... äh.
Vorstand:	Also Sepp, du immer mit deine blädn Witze!
Sepp:	Wirdma doch no an Gspoaß mocha derfa! Oder, Herr Pforrer, des wor doch ned so schlimm?
Pfarrer:	Äh, nein, ich verstehe schon einen Spaß. Aber ich meinte natürlich, als Josef wäre ich noch frei, nicht als Ehemann.
Vorstand:	Des is die Idee! Da Pforrer is da ideale Josef!
Rudi:	Owa haargenau!
Sepp:	Daad i aa sogn. Da Josef an sich! An bessern gibt's gor ned! Meines Erachtens!
Kare:	Dassma do ned glei draafkemma san!
Vorstand:	Mit'n Redn kemmand d'Leit zamm. Also, da Josef waar erledigt. Und jetza miaßma uns wohl oder übel mit'n Esel befassn.
Rudi:	Eine Frage: Wo is eigentlich unser Herr Doktor heit?
Vorstand:	Da Meik-Thorsten? Der hod Nachtschicht im Krankenhaus!
Rudi:	Und wenn der'n Esel spieln daad? I moin, is bloß a Vorschlag.
Vorstand:	Mensch, genau! Der passt! Der hod eh ziemlich graue Hoor. Des waar optisch stimmig.
Hans:	Da Meik-Torsten waar direkt a würdevoller Esel. I find, den solltma nehma.
Iris:	I aa. *Lacht plötzlich über sich selber.* „I aa", des hörtse direkt eselhaft o!
Alfons:	Glaubts ihr, dass des dem Meik-Thorsten passt, wenn er da Esel is? Is des rechtlich überhaupt in Ordnung, wennma oan in Abwesenheit zum Esel mocht?

Vorstand:	Des erklär' eam scho! Und es is ja aa vo da Rolle her ideal. Weil da Esel is koa Sprechrolle und da Meik-Thorsten duatse eh hart mit sein sächsischen Dialekt. Do is gscheida, er sagt nix. Wißts ja alle, wia's is: Wenn der wos sagt, locht alles! Des waar für d'Besinnlichkeit ganz schlecht!
Sepp:	Genau! Da Esel passt für eam. Und da Meik-Thorsten, des is oana, der gfreitse, wenn er überhaupt mitspieln derf.
Vorstand:	Eben! Also, da Esel is geklärt. So, jetza brauchma no an Engel.
Alfons:	I bin fei allaweil no nix! Jetza wirds dann langsam eng!
Vorstand:	Owa als Engel bist aa zu kloa, Alfons! Da Engel, des muaß a große, majestätische Erscheinung sei! Des is einfach nix für di. Stell dir des vor, do kemmand drei gstandne Weise aus dem Morgenland daher, und dann steht do aso a windigs Engerl umanada. Des is nix. Des muaßt eiseng, Alfons!
Alfons:	Ja, owa …
Hans:	Moment, Alfons! Entschuldige de Unterbrechung, owa i hätt' an Vorschlag: Nehmts holt'n Alfons als Stern mit dem goldernen Schweif, dann moch i den Engel! Da Alfons als kleinwüchsiger Mensch waar für de Sternträger aa angenehmer.
Alfons:	Also gell, kleinwüchsig bin i fei ned!
Hans:	Ned direkt, Alfons. Owa groß bist aa ned, des muaßt zuagebn.
Vorstand:	Hans, des fangma gor ned o! Du bist scho als Stern im Protokoll drin und bleibst aa drin! Ausgmocht is ausgmocht! Du bist da Stern und aus!
Hans:	Ja guat! I hätts ja bloß guat gmoant. Mir persönlich is ja des wurscht, ob i a Stern oder a Engel bin.
Vorstand:	Des is nobel vo dir, Hans, owa du bleibst da Stern.
Rudi:	Du, Franz: Da Ernst kannt doch den Engel mocha!

Ernst	*Wehleidig:* Omei! I woaß fei ned, ob des ebbs is für mi. I bin ned recht fit mit mein Mogngschwür. Schauts mi o, wia kaasig dass i bin!
Rudi:	Ja eben! Des is ja des! A Engel is ja grundsätzlich a bleiche Erscheinung. Des waar ideal für di. Weil an sich is ja a Engel scho gstorbn.
Vorstand:	Ernst, do muaß i'n Rudi recht gebn. Du host a richtig noble Blässe. Und du bist aa recht hager wordn, seit dass du Diät leben muaßt. Versteh' mi ned falsch, owa so gseng is dei Mogngschwür dramaturgisch wertvoll. Sog ja, dann bist a Engel!
Ernst:	Also guat, in Gotts Nam'!
Vorstand:	Dankschön, Ernst! Und guade Besserung! Owa ned zu guade, weil kaasig sollterst im Dezember scho no sei.
Ernst:	Hoffma's Beste!
Rudi:	Gratuliere, Ernstl!
Ernst:	Dankschön, Rudi!
Vorstand:	So, jetza kemma zum Höhepunkt: Das Jesukindlein! Mir brauchma natürlich a zentrale Figur als Jesukindlein. Des soll unschuldig sei und vor allen Dingen kloa!
Alfons:	Ja, und wenn i ...
Vorstand:	Also Alfons! Jetza wirst owa kindisch! Du als gstandner Schullehrer konnst doch koa Jesukindlein spieln! Du bist doch viel z'groß!
Rudi:	Da Jesus wor doch koa so a Prackl Kind ned!
Alfons:	Ja fix!
Pfarrer:	Na na, Herr Lehrer!
Alfons:	Ach, weil's wohr is! Amol bine z'kloa, dann bine z'groß! Des is fei a Sauerei! Wenns mi ned dabeihobn wollts, dann sagtses glei! Dann kenn i mi aus und dann geh i.
Vorstand:	Alfons, spinn doch ned! Natürlich wollma di dabeihobn! Woaßt, für wos mir di braucha? Grod follts mir ei: Mir brauchma di unbedingt als Regisseur!

	Ohne Regisseur geht doch gor nix. Du hättst dann praktisch de künstlerische Gesamtleitung!
Alfons:	Ehrlich? Dann waar ja i praktisch da Chef vo dem ganzn Krippenspiel?
Rudi:	Sowieso, Alfons! Du bist da Boss!
Alfons:	Ja, dann is des in Ordnung. Des konn i vor meine Schüler vertreten.
Vorstand:	Eben! So, des hättma dann aa erledigt. Owa mir brauchma trotz allem no a Jesukindlein. Hm ... Mensch, jetza kimmtma wos! Wennma einfach'n Wirt sein Sohn nehma daadn? Wia hoaßta wieder?
Rudi:	Kuchler!
Vorstand:	Ja, des is scho klar. I moan ja, wia er mit Vornam' hoaßt!
Rudi:	Aso! Marcinho!
Vorstand:	Genau! Der kannts doch mocha, oder?
Rudi:	Ja, der passert, daad i sogn.
Sepp:	Jawohl, worum ned!
Iris:	Ja, er is aa aso a migerts Kind!
Vorstand	*Ruft in die Küche:* Du Heinz! Kimm amol aussa!
Wirt:	Wos isen los?
Vorstand:	Du Heinz, amol a Frage: Wia olt is dei Sohnemann?
Wirt:	Da Marcinho? Vier Johr wird er im November.
Vorstand:	Ideal! Woaßt wos, Heinz? Den nehma bei unsern Krippenspiel eiskalt als Jesukindlein! Der passt wie die Faust aafs Auge!
Wirt:	Owa mir samma fei evangelisch!
Vorstand:	Ach du Scheiße! An des hob i ned denkt. Dann geht's natürlich schlecht. Saxndi!
Pfarrer:	Na na, Franz!
Vorstand:	Oh! Tschuldige, Pforrer! Hargottseitn, wen nehma denn do als Jesukindlein?
Rudi:	I hätt'a drumm Puppn dahaom. De passert. Sie kannt holt nix sogn. Bloß wennma hintn draafdruckt, sagts „bööö".

Vorstand: Is de katholisch?
Rudi: Sowieso!

Allgemeines befreites Gelächter.

Vorstand: Also, dann hättmas! I hoff, a jeder is mit seiner Rolle
zufrieden. Nehmts eich a Beispiel an mir, i bin da
Ochs und gfrei mi trotzdem! Mit de Proben fangma
nacha im Oktober o. Und i ruaf jetza dann'n Meik-
Thorsten im Krankenhaus o und sog eam, dass er a
Esel is.
Rudi: Der wird a Freid hobn! Hähähähä!
Vorstand: Des konnst laut sogn! Also, bevorma zum gemüt-
lichen Teil übergenga, noch ein Gemeinschaftsprost
und ein kurzer Trinkspruch: „Uns hungert meistens
und dürstet immer, Hunger ist schlimm, doch Durst
noch schlimmer!"
Rudi: Super, Franz! Wia's dir bloß immer eifollt!
Vorstand: Jamei, des liegt mir einfach. Die Versammlung ist
geschlossen. Prost!

In der Loipe

Läufer 1: Ja griaß Gott! Aa a weng langlaffa?

Läufer 2: Genau! Des schöne Weda muaßma ausnutzn! Sonnenschein und Pulverschnee, wos bessers gibts doch gor ned! Do muaßma ausse!

Läufer 1: Des hob i mir aa denkt. „Woaßt wos" hob i mir denkt, „jetza packst deine Langlaufschi und laffst lang!" I laaf ja erst kurz lang, weil i hob erst ogfangt vor zirka vier Wochen. Sie laffan ebba scho länger lang?

Läufer 2: Omei! I laaf scho ganz lang lang! Mei Frau sagt, eigentlich langts scho lang!

Läufer 1: A geh! Jamei, wennma erst kurz langlafft wia i, do hodma natürlich no ned de Kondition, des is klar. I wenn ehrlich bin, mir wird oft a kurze Streck scho z'lang!

Läufer 2: Daans Eahna ned owe, des wird scho über kurz oder lang! Je länger wosma langlafft, desto kürzer kimmt eam d'Läng vor und wenns no so lang is. Des woaß i aus langjähriger Erfahrung.

Läufer 1: So weit bin i no ned, im Gegenteil! I denkma zum Beispiel: „Jetza bin i scho so lang langgloffa, jetza langts!" Und derweil wars bloß kurz!

Läufer 2: Jaja, aso is mir früher aa ganga. Is owa scho lang her. Es liegt allerdings aa an de Langlaufschi! Wia lang san denn de Eahnan?

Läufer 1: Des wüßt i jetza auf Anhieb gor ned. Owa i glaub, es is a ziemlich lange Läng.

Läufer 2: Des is a Fehler! Am Anfang, wennma no ned lang langlafft, do langt a kurze Läng. Erst wennma länger langlafft, dann konnma a lange Läng nehma.

Läufer 1: Ja, und des is des. I laaf erst kurz lang und drum is d'Läng z'lang. Kürzer daad langa. Do is koa Wunder,

	dass mir kurze Längen oft so langwierig vorkemma, dass i kurzatmig werd. Do langtma dann d'Luft nimmer.
Läufer 2:	Genau! I moan, Sie kinnan d'Läng so lang nehma, wia Sie wolln, war bloß a Tipp.
Läufer 1:	Naa, do bin Eahna echt dankbar!
Läufer 2:	Gern gschehn! So, i muaß's wieder packa. Weil beim Langlaffa sollma bloß kurz stehbleim, sunst kühltma über kurz oder lang aus.
Läufer 1:	Jaja, i packs aa wieder. Also, Ski Heil, Herr......
Läufer 2:	Lang!
Läufer 1:	Ja gibt's des aa! Lang hoaßn Sie aa no? Sie laffan scho lang lang und hoaßn Lang! Des is da Wahnsinn! I laaf erst kurz lang. Und wos glaubns, wia i hoaß?
Läufer 2:	Jetza songs bloß, Sie hoaßn Kurz!
Läufer 1:	Naa, Wierzorczinsky!

Endlich Weihnachten! (?)

Er: Aah!! Endlich Weihnachten! Konnst du dir des vorstelln? Heit is da 22. Dezember und i muaß erst am 2. Januar wieder orwatn! Zehn Dog frei! Zehn Dog nix hörn und nix seng vo dem ganzen Schmarrn! Koan grantigen Chef, koan jammernden Kollegen und koan depperten Azubi. Endlich frei!

Sie: Des gfreit mi für di! Endlich konnst amol mocha, wos du willst. Aafsteh, wannst du magst ...

Er: Genau! Keine Termine, nix zum erledigen, koaner will wos für mir ...

Sie: Im Prinzip koaner.

Er: Wos hoaßt „im Prinzip"?

Sie: Es is bloß wega morgn. Weil i hob'n Buam versprocha, dass du mit eam zum Eikaffa fohrst wega dem Computerspiel. Woaßt, i kenn mi do ned aso aus. Eigentlich überhaupt ned.

Er: Ach so! Kein Problem! Do damma in aller Ruhe frühstücken, dann fohrma schee langsam in d'Stod und kaffma des Spiel. Mir hamma ja Zeit! Gell, Ulrich?

Sohn: Eigentlich ned, Papa. Mir miaßertn scho ganz friah fohrn, weil um zehne howes mit'n Manolo zum Schifohrn ausgmocht.

Er: Mit wem?

Sie: Der is nei zu eam in d'Klass kemma. De san erst herzogn. Vo Chile oder China oder so.

Sohn: Vo Kuba, Mama!

Sie: Ja, aaf jeden Fall aus dera Richtung! Sei Papa is irgendwos mit Diplom.

Er: Wos für a Diplom?

Sohn: Diplomat!

Sie: Genau!

Er: Ja guat, wennst du mit dem Kubisten um zehne zum Schifohrn fohrst, dann miaßma spätestens um achte frühstücka, dassma um holwe neine in d'Stod kemma und um holwe zehne dahoam san, dass du di no umziagn konnst.

Sohn: Oder i frühstück glei im Schianzug!

Sie: Ulrich! Des is doch a Schmarrn!

Er: Schwitzt ja wia d' Sau! Dann wirst wieder krank, des is nix!

Sie: Eben! Naa, Ulrich, do steht da Papa friah gnua aaf, dann klappt des scho.

Er: Genau! I konn mi ja dann dafür noch'n Mittagessen hilegn. I hob ja Urlaub! Hähä!

Sie: Äh ... scho, owa morgn is a weng schlecht.

Er: Wia des?

Sie: Do miaßerst du mir helfa beim Ohänga vom Christbaam. Mit da Lichterkettn! Und de ganzn Kugeln miaßerst vom Dachboden owaholn.

Er: Ja, owa morgn is doch erst da 23. Dezember! Seit dass i woaß, hamma mir den Christbaam erst am 24. oghängt!

Sie: Des scho. Owa heier is des schlecht. Woaßt doch, dassma mit ihr praktisch zu nix kimmt, weils immer ratscht.

Er: Wos? Wer? Mit wem?

Sie: No, d'Tante Gunda!

Er: D'Tante Gunda? De konn vo mir aus mocha, wos sie mog. De hockt ja in Garmisch in ihran Haus.

Sie: Morgn ned!

Er: Ned? Wo hockts nacha morgn?

Sie: Hob i dir des no gor ned gsagt?

Er: Wos gsagt?

Sie: No, im Frühjahr is doch erst da Onkel Alfons gstorbn wega seiner Leber.

Er: Doutgsuffa aaf deitsch gsagt!

Sie: Aaf jeden Fall hob i mir denkt, weil doch d'Tante Gunda jetza so alloa is und weils koa Kind hod, dua i amol a guats Werk und lads zu Weihnachten ei.

Sohn: Ey cool! D'Tante Gunda erzählt immer so geile Gschichtn vom Kare und vom Lugge! Und sie woaß echt krasse Ausdrücke! Zum Gameboy sagts „Deppnkastl" und zum Handy „'n Deifl sei Fernbedienung"! Stark, ha?

Er: Ganz stark! Ja, und wann kimmt de?

Sie: Übermorgn in da Friah um achte kimmt da Zug!

Er: Am Heiligen Abend in da Friah um achte? Dann muaß ja i am Heilign Obnd no friaher aafsteh wia morgn! Des is ja fast a Sünd!

Sie: Ja mei. Owa du host ja danoch immer no Urlaub.

Er: Ja guat, des scho. Dann bleib i holt am erstn Feierdog länger liegn.

Sie: Do gehts no ned, weil do miaßerst d'Tante zum Bahnhof fohrn. Um holwe neine geht ihra Zug noch Garmisch.

Er: Ja, konnstas ned du fohrn?

Sie: Owa mir hamm doch Winter! Wenns glatt is, konn i ned fohrn!

Er: Stimmt! Du konnst ja bloß fohrn, wenns über 20 Grad plus hod und d'Fahrbahn trucka is.

Sie: Und bei Tageslicht!

Er: Genau! Ja guat, dann fohrs i zum Bahnhof. Des is dann aa scho wurscht. Den oan Dog wermas scho aushaltn mit ihr. I schau holt dann am Heilign Obnd a weng Fernseh mit'n Ulrich und du ratschst mit ihr. Sie is ja im Prinzip dei Tante und ned de mei.

Sie: Scho, owa des mit dem Fernsehschaun wird wahrscheinlich nix.

Er: Wia des? Kimmt lauter Krampf?

Sie: Des ned, owa d'Tante Gunda hod gsagt, sie bringt de Videocassettn mit vom Onkel Alfons seiner Beerdigung und vom Leichtrunk, weil sie hod dahoam koan Videorecorder. Und de Cassettn schauma dann mitananda o.

Sohn: I aa?

Sie: Ja, du aa!

Sohn: Shit!

Er: Am Heiligen Abend a Beerdigungsfilm! Des is fei ziemlich krass! Aso hätt' i mir mein Weihnachtsurlaub ned vorgstellt.

Sohn: Des glaubtma da Manolo ned, wenn eam des sog, dass i a Video von an doutn Onkel ogschaut hob.

Er: Des brauchst eam aa ned sogn!

Sie: Naa Ulrich, sowos erzähltma ned fremde Leit!

Sohn: Da Manolo is owa koa fremder Leit für mi!

Er: Staad bist und aus! Mei liawa, des is fei koa guada Urlaubsstart!

Sie: Ach geh! Sie fohrt doch am erstn Feierdog wieder!

Er: Gottseidank! Owa dann kimmt neamad mehr, oder?

Sie: Naa, dann kimmt neamad mehr.

Er: Hähä! Dann leg i mi den ganzn Dog aafs Kanapee, wenn i d'Tante zum Bahnhof gfohrn hob!

Sie: Äh, also des is praktisch schlecht, weil mei Mama hod uns doch zum Essn eigladn am ersten Feierdog.

Er: Ja Mensch Meier! Dann is scho mei dritter Urlaubsdog furt!

Sie: Dei vierter eigentlich aa! Weil am zwoatn Feierdog samma bei deine Eltern zum Essn eigladn.

Sohn: Ey, stark! Beim Opa derf i immer a Bier trinka!

Sie: Untersteh di! 's letzte Mol is dir beim Hoamfohrn schlecht wordn!

Er: Ums Haarlhoor hättst gspiem! Und viermol hob i aaf an Parkplotz ausse gmiaßt wega deiner Bieslerei! Du glangst mir koa Bier mehr o! Des is mit elf Johrn einfach zu friah!

Sohn: Owa da Opa sagt, an Weihnachten derf a Kind aa amol a Bier trinka!

Sie: Du derfst ned alles glauben, wos da Opa sagt! Da Opa sagt viel, wenn da Dog lang is.

Er: Genau! Da Opa sagt zum Beispiel aa, dass a Schnaps guat gega Plattfiaß is.

Sohn: Stimmt des ned?

Sie: Naa Ulrich, des stimmt ned!

Sohn: Schade!

Er: Schade! Schade miaßert eigentlich i sogn! Weil da zwoate Feierdog aa scho verplant is. Dann geht ja mei Weihnachtsurlaub erst am 27. Dezember o. Dann is er nimmer recht lang.

Sie:	Theoretisch daad er am 27. ofanga, owa praktisch miaßma do zum Doktor!
Er:	Worum? Wer isn krank? Du scho wieder?
Sie:	Ja frale! Wega mir is ned, wega dir is! I hob an Termin ausgmocht beim Orthopäden zwecks deine Bandscheim. Du sagst doch immer, du konnst kaam mehr sitzn vor lauter Schmerzen.
Er:	Des stimmt allerdings. Also dann, in Gotts Nam' gemma holt am 27. zum Doktor. Owa am 28. konn mi dann de ganze Welt kreizweis! Dass des klar is!
Sie:	Und da Ulrich?
Er:	Der aa!
Sie:	Also Willibald! Denk doch amol noch! Wos is am 28. Dezember?
Er:	Hm ... Freitag?
Sie:	Freitag! Also sog amol! Am 28. Dezember hod dein Sohn Geburtstag!
Er:	Wos? Scho wieder?
Sohn	*Weinerlich:* Papa, du hostma versprocha, du gehst mit mir'n ganzen Dog zum Schifohrn, wenn i Geburtstag hob und wenn a Schnee liegt und jetza liegt a Schnee!
Er:	Aafs Weda konnst di aa nimmer verlassn!
Sie:	Willibald! Des hast du versprochen!
Er:	Jaja, is scho klar! Ja dann! Selbstverständlich, Ulrich! Versprocha is versprocha! Am 28. gemma mir zwoa zum Schifohrn. So richtig unter Männern! Ohne d'Mama, hähä! Gell, Waltraud, do wollma mir Manner unter uns sei!
Sohn:	Genau, Mama! Bloß i und da Papa!
Sie:	Da Papa und i hoaßt des!
Sohn:	Nein, du derfst ned mit!
Er:	Naa Ulrich, d'Mama moant, des hoaßt „da Papa und i"!
Sohn:	Wos? Da Papa und du? Des bist doch du selber!
Sie:	Hör aaf, Willibald, des hod koan Sinn! Der begreifts ned. *Zu Ulrich:* Weilst allaweil beim Opa a Bier trinkst! Do wirst ganz bläd! Aaf jeden Fall is mir des ganz recht, dass

	ihr zwoa den ganzen Dog weg seids. Dann konn i in Ruhe herrichtn für'n 29. und 30. Dezember.
Er:	Herrichtn? Wos denn herrichtn?
Sie:	Jetza sog bloß, du woaßt des nimmer! Do samma doch des ganze Wochenende in Paris! Des is doch unser gemeinsames Gschenk zum 18. Hochzeitstag!
Er:	Oläck! Den derf i ned vergessn. Wann isen der?
Sie:	Der war im Oktober! Du hostma doch an Blumenstrauß mitbracht damals!
Er:	Gottseidank! Genau, jetza follts mir wieder ei. Und dann hamma gsagt, mir fohrma a Wochenende noch Paris.
Sie:	Genau!
Er:	Mei liawa, des wird fei eng! I bin bestimmt am 28. dodal erledigt vo dem Schifohrn mit'n Ulrich. Und dann glei am 29. aaf Paris: Des wird hirt!
Sie:	Und i hob mi scho aso gfreit. Immer, wenn i mi aaf wos gfrei, dann host du a Problem damit!
Er:	Naa, i hob koa Problem damit, i moan ja bloß.
Sohn:	Und i?
Er:	Genau! Und er?
Sie:	Du bleibst derweil bei da Oma!
Sohn:	Bei da Pap-Oma oder bei da Mam-Oma?
Sie:	Bei da Mam-Oma!
Sohn:	Schade! Do gibt s koa Bier!
Sie:	Eben!
Er:	Denk ned dauernd an des Bier, Ulrich, des hod koan Taug! Jamei, dann bleibt für mein Urlaub eh bloß no da 31. Dezember und da 1. Januar. Do schlof i mi dann owa gewaltig aus! Weil z'Paris werma kaam zum schloffa kemma. Hähä!
Sie:	Du wirst doch ned am Silvester ausschloffa! An Silvester muaßt mit'n Ulrich Raketen eikaffa und Böller!
Er:	Muaß des sei? I bin immer scho dera Meinung gwen „Brot statt Böller". Ulrich, ha, des waar doch amol wos? Brot statt Böller!
Sohn:	Ja, owa a Brot kracht doch ned!

Er:	Mei, bist du ein Hirnheiner! Trink du mir bloß koa Bier mehr!
Sie:	Ulrich, da Papa moant ja ned, dass du a Brot statt Böller ozündn sollst, sondern dassma des Geld, wosma normal für Böller ausgibt, de armen Kinder in Afrika spendet.
Sohn:	Ja, und dann?
Sie:	Dann kinnanse de armen Kinder in Afrika a Brot kaffa!
Sohn:	Owa bei denen krachts aa ned!
Sie:	Keinen Tropfen Bier trinkst du mehr! Keinen Tropfen! Du host ja scho aso a Art Säuferstarrsinn!
Er:	Owa ehrlich! Dann kaffma liawa wieder Raketen und Böller, bevor dass i do mit dir umanandadiskutier!
Sohn:	Cool!
Er:	Ja, dann waar praktisch da Silvester aa verplant. Dann hob i im Prinzip bloß Neijohr frei. Do leg i mi dann hi.
Sie:	Do is doch unser traditionelle Neujahrswanderung vo de Naturfreunde!
Er:	D'Naturfreunde kinnan mir d'Schuah aafblosn!
Sohn:	Cool!
Er:	Gell!
Sie:	Owa du bist doch da erste Vorstand vo de Naturfreunde. Du muaßt mit!
Er:	So gseng host aa wieder recht. Du, jetza hob i mi aso aaf den Urlaub gfreit. Und im Prinzip is gor koaner. Do hob i ja mehra Stress wia in da Orwat!
Sie:	Noja, immerhin is Weihnachten.
Er:	Schwacher Trost.
Sie:	Gfreist di denn gor ned?
Er:	Ja guat, wenn i aso überleg: Aaf oans gfrei i mi scho!
Sie:	Aaf wos nacha?
Er:	Am 2. Januar!

Die staade Zeit

Wenn der Advent kommt, muss Mama die Geschenke kaufen und sie gut verstecken, damit ich sie nicht vor Weihnachten finde, obwohl ich suche. Und sie muss Plätzchen backen, damit wir zum Kafä und zum Mitgeben etwas haben. Und wenn es schneit, dann muss sie Schnee räumen, weil Papa kann nicht wegen der Bandscheibe, die es ihm beim nassen Schnee heraushaut, weil er so schwer ist, der Schnee. Mama muss auch das ganze Haus sauber putzen, damit es schön ist, wenn ein Besuch kommt. Weil an Weihnachten haben alle Verwandten Zeit und besuchen uns massenhaft.

Und Mama muss am Anfang vom Advent die Wintersachen aus dem Keller holen und die Sommersachen hinuntertragen. Dann muss sie noch die ganzen Weihnachtskarten schreiben, weil dem Papa nichts einfällt. Weihnachtsgestecke muss sie auch machen und aufhängen, damit unser Haus schön ist. Und wenn ich an ein Gesteck dranrenne und es fällt herunter, muss sie es wieder hinauftun, weil ich zu klein bin.

Wenn dann der Advent vorbei ist, ist meine Mama so fertig, dass sie überhaupt nichts mehr sagen kann und ganz ruhig ist. Darum heißt der Advent die staade Zeit.

Ja mei

Sie: So Hans, jetza hol amol bitte den Christbaam eina! In vier Stund is Bescherung und mir hamma no ned amol den Baam gschmückt.

Er: Ja, glei! I schau bloß no schnell'n Wetterbericht o. Do schau hi: „Weiterhin unbeständig und sehr mild." Des is doch koa Weda für Weihnachten! De ganze Welt is durchanand. A Weihnachten bei 15 Grod plus, des is doch a Schmarrn! Do kimmt doch koa Stimmung aaf! Des is grod aso, wia wennst bei 0 Grod im Freibad sitzt. Do konnst di aa ned so richtig gfrein.

Sie: Jamei, des is holt aso. De Schimpferei bringt doch nix. In Afrika liegt koa Schnee. Trotzdem feierns Weihnachten!

Er: Des is doch ganz wos anders! Erstens moanan de, des muaß aso sei, weilses ned anders kenna und zwoatns is des logisch, dass do ned schneibt, weil sunst daads alle dafrean. Do kimmt dann aa koa Stimmung aaf, im Gegenteil: Da Näga an sich is bei Költn dodal deprimiert. Der mogs hoaß. Aa beim Essn! I hob amol an Film gseng, do hamms mit da nockertn Händ ins Lagerfeier eineglangt. Des holtert unseroana ned aus!

Sie: Omei, du mit deine Weisheiten und deine Vorurteile! Da Näga mogs hoaß! So ein Schmarrn! Jetza dua ned philosophiern und hol den Baam vo da Garage eina! Mir miaßma endlich zum schmücka ofanga!

Er: Wos mir? Du schmückst! I hobna kafft und du schmückst!

Sie: Ja frale! Helfa muaßt mir scho a weng. Owa jetza holna z'erst amol eina! In da Garage kinnma'n ned schmücka.

Er: Ja guat. *Geht und kommt kurze Zeit später ächzend mit dem Christbaum wieder.*

Sie: Obacht! Reiß nix owa!

Er: Des is bei uns fast unmöglich, dassma nix owareißt! Überoll hängt irgend a Drumm! Du konnst ja bei uns koa Tür mehr aafmocha, ohne dass du an a Gsteck drorennst!

Sie: Ah geh, so schlimm is aa wieder ned! Do is da Ständer, stellna eine und mochna fest!

Er: Omei, wia geht denn des wieder? Glaubstas, am Mond kinnans affefliagn, am Handy konnsta nockerte Weiber oschaun, owa an gscheidn Christbaamständer gibts bis heit ned!

Fummelt am Ständer herum.

Ja zenalln, Glump varreckts! Der sticht wia d'Sau!

Sie: Also Hans! Mir hamma Heilig Abend! Mäßige dich!

Er: Ach, weils wohr is! Do, jetza isa aafamol einegrutscht, da Hundling! Worum denn ned glei? Kaam schimpfst a weng, dann gehts! Und? Passt er?

Sie: Noja ..., ganz nett.

Er: Ganz nett? Wos hoaßt „ganz nett"? Des is ein Spitzen-Baam! A Stund hob i ausgsuacht, bis i den gfundn hob!

Sie: Wos? A ganze Stund?

Er: Jamei! Es warn bloß no zwoa do, do duast di hort. Jedsmol, wenn i mir denkt hob „den nimm i", dann hob i mir sofort wieder denkt „am End waar da ander doch scheena". Es is ned einfach! Und du host aa koa Beratung. I hob den Händler gfragt, wos er moant, wos für oana dass besser ausschaut. Woaßt, wos der gsagt hod?

Sie: Wos nacha?

Er: „Jamei" hod er gsagt. Isen des a Antwort? Do stellst an sogenannten Fachmann a ganz normale Frage, dann sagt der „jamei". Do konn i glei zu an Naschn „guat Morgn" sogn, des is da gleiche Effekt! Und so Leit san Unternehmer! Do wundert mi nix mehr! Eine Stund lasst mi der in da Luft hänga!

Sie: Also du muaßt ja unheimlich viel Zeit hom! Und is des jetza da scheena Baam von de zwoa?

Er: Jamei. I sog ja scho seit Jahren: Kaffma an künstlichen Baam, dann is der ganze Stress vorbei! A solider Plastikbaam, der sticht ned, der stinkt ned und der stirbt ned! Des is wos fürs Lem! Und mit so inkontinente Baamhändler brauchst di aa ned oweärgern!

Sie: Inkompetent hoaßt des!

Er: Des is mir aa wurscht!

Sie: Owa Hans, i woaß ned. Plastik is für mi einfach nix echts. Mir is einfach ein Naturprodukt liawa wia wos künstlichs!

Er: Ja frale! Wers glaubt, wird selig! Du host doch aa a Nylonunterwäsch an und koa Schoffel!

Sie: Des is doch ganz wos anders! Aso a Christbaam is doch a Symbol! Und für zwoa Wocha a Blickfang im Wohnzimmer!

Er: Ja guat, des is dei Unterwäsch allerdings ned. Owa trotzdem, i waar mehr für an künstlichen. Geruchsneutral, sauber, keimfrei.

Sie: Wos hoaßt do geruchsneutral? A frischer echter Tannenduft is doch wos herrlichs!

Er: Herrlich? Woaßtas no vor drei Johrn? Woaßtas no? War des wos herrlichs? Ja pfui Deifl, mir wennst ned gangst! Des ganze Wohnzimmer hod gstunka! Hängt do ein douda Vogl zwischen de Äst drin! Mumifiziert bereits!

Sie: Jamei, des konn doch amol passiern! Des is holt die Natur.

Er: Des derf ned passiern! Wenn i heit a Christbaamhändler bin, dann schau i den Baam o, ob alles passt. I moan, dass er eventunell an unregelmäßigen Wuchs hod oder dass amol a Reih z'kurz oder z'lang is, des konn vorkemma. Do sagt koa Mensch wos. Aber Leichenteile hamm aaf an Christbaam nix verlorn! Mir hod dermaßen graust, dass mir am Heiligen Obnd d'Pfälzer nimmer gschmeckt ham. Und do hörtse bei mir da Gspoaß aaf! Owa mi wundert nix mehr. Wenn oaner außer „jamei" koa Meinung hod, aso a Mensch find an doutn Vogl aa ned.

Sie: Mei, bist du ein olter Grantler. Du mochst doch aa amol an Fehler, oder?

Er: Einen Kadaver hob i no nie überseng, dass des klar is!

Sie: Ja guat, owa jetza is Weihnachten und du hörst zum schimpfa aaf!

Er: Aaf jeden Fall waar a künstlicher Baam gscheida!

Sie: Ach, bi staad jetza! Du, sog amol, is der überhaupt grod drin im Ständer? Der is doch schief drin!

Er: Schnürlgrod!

Sie: Ja, owa wenn i do aso hischau und de Wand als Anhalts-
punkt nimm, dann is der ned grod drin.

Er: Vielleicht is d'Wand schief!

Sie: Jetza derfst owa aafhörn! Mir hamma doch koa schiefe
Wand ned! Naa, duana amol wieder aussa, den Baam!
Wenn, dann muaß der scho richtig im Ständer sei!

Er: Ja guat, i Gotts Nam'! *Er lockert die Befestigung am Ständer
und hält den Baum in verschiedenen Winkeln, damit ihn die
Frau begutachten kann.* Zenalln, scho wieder gstocha! Baam,
elendiger! Und, passt er?

Sie: Hm ... jamei!

Er: Wos hoaßt do „jamei"? Jetza fangst du aa no o! Passt er
oder passt er ned?

Sie: A bisserl nach links, so, ja, aso miaßert er passn!

Er: Alles klar, dann fixieren wieder. Zack, wackelt und hod
Luft! Aua, scho wieder gstocha! I schau aus, wia wenn i
grafft hätt'! Aafs Johr stellma glei an Kaktus hi, der sticht
zwar aa, owa der nadlt wenigstens ned.

Sie: Ach, Schmarrnkopf! So, jetza schmückma'n! Wos nehma
denn heier für a Motto?

Er: A Motto? Wos für a Motto? Nehma holt wieder a Lametta!

Sie: Ja, is dir des no ned aafgfolln, dass i scho seit Jahren den
Baam noch an bestimmten Motto gschmückt hob.

Er: Naa!

Sie: Also, dass du des ned merkst! Letzs Johr war's Motto
„White Christmas". Do hamma weiße Kugeln ghabt,
weiße Stern und an künstlichen Schnee. Alles war in Weiß!

Er: Und i hob a Weißbier trunka, hähä!

Sie: Ach du immer! Und's Johr davor hamma als Motto ghabt
„Tropical Christmas". Do warn Muscheln dran am Baam,
bunte Bänder, Seesterne ... mei, war der schee. Des war
amol wos anders. Is dir des ned aafgfolln?

Er: Jamei, so direkt ned. Obwohl, i hob mir eigentlich scho
insgeheim denkt: „Der Baam, der fischelt!" Owa i wollt nix
sogn.

Sie: Ja guat, immerhin is dir wos aafgfolln. Und wos nehma heier für a Motto? I hättma denkt, vielleicht „Oriental Christmas", so mit Schleiern und mit Goldschmuck.

Er: „Metzger Christmas" waar guat, so mit Wiener, Pfälzer und Landjäger am Baam. Und als Spitz a Bierkugel!

Sie: Denk holt ned allaweil bloß ans Essn!

Er: Jamei, i bin holt aso. Mi hungert praktisch allaweil. Es sei denn, mi dürscht. Apropos, woaßt wos no a guats Motto waar: „Obst Christmas"! Hängst lauter Obst an Baam dro: A Kirschwasser, an Himbeergeist, a Zwetschgenwasser, a Williams-Christ-Birne, lauter Obst.

Sie: Des daad dir passn! Dann waar der Baam noch drei Dog laar!

Er: Dafür waar i voll! Hähä! Du, apropos laar: Und wennma'n heier ganz laar lassn?

Sie: Ganz laar? Wos waar nacha des für a Motto?

Er: „Solidarität"! Aus Solidarität, weils soviele Leit so schlecht geht aaf dera Welt, lassma den Baam heier laar. Sporma uns a Haffa Orwat und a Motto hamma aa.

Sie: Du, des is fei gor koa schlechte Idee!

Er: Gell! I bin ned so dumm, wia i ausschau!

Sie: Genau! Mochma heier a Solidaritätsweihnachten! A laarer Baam, a laarer Tisch ...

Er: W..wia? Wos? A laarer Tisch? Wos bedeit des?

Sie: Ja, wenn, dann samma konsequent und essma nix. Aus Solidarität mit denen, die nix zum essn hamm.

Er: Ja, owa man muaß natürlich aa bedenka, dass nix essn aa unsolidarisch is und ned bloß solidarisch!

Sie: Wieso unsolidarisch? Mit wem denn?

Er: Mit da Landwirtschaft! I hobma denkt, beim Baam samma solidarisch mit de orma Leit und beim Essn samma solidarisch mit da Landwirtschaft. Do essma heier bsonders viel Fleisch und Wurst, dass de Erzeuger mehr kriagn für d'Sau. Aso samma glei zwoamol solidarisch. Do riskier i aus Solidarität sogar, dass i mi leicht überfriß. Des is mir des Motto wert.

Sie: Omei, eam schau o! I hob gor ned gwisst, dass du aso a soli-
darischer Mensch bist.

Er: Gell! Und für nächsts Johr hob i aa scho a Motto: Die
Kunst!

Sie: Die Kunst? Wia willst denn des als Motto darstelln?

Er: Mit an künstlichen Baam!

Das traute hochheilige Paar

Sohn: Du Papa! Gell, heier singma wieder „Stille Nacht", wenns Christkindl kimmt?

Papa: .Sowieso, Sepperl!

Sohn: Du Papa, derf i di amol wos frogn?

Papa: Sowieso, Sepperl!

Sohn: Du Papa, wos bedeit eigentlich: „Alles schläft, einsam wacht nur das traute hochheilige Paar." Des versteh i ned, Papa. Wos bedeit denn des bloß?

Papa: Des bedeit, dass alle gschloffa hamm, bloß da Josef und d'Maria ned. Wal de zwoa, de sans traute hochheilige Paar.

Sohn: Worum hamm alle gschloffa, Papa?

Papa: Jamei, is o mittn in da Nacht gwen. Stockfinster. Und lous is aa nix gwen in Bethlehem. Is o bloß a kloans Dorf gwen. I schatz, d'Wirtsheiser hamm scho alle zua ghod. Und miad san d'Leit aa gwen.

Sohn: Und d'Maria und da Josef san ned miad gwen?

Papa: Scho. I büldma ei, de san sogor dodal miad gwen. De worn doch scho tagelang unterwegs zwecks dera Volkszählung. Do waarst du aa miad. Stell dir des amol vor: In dera Hitz tagelang unterwegs, saukolt.

Sohn: Ha? In dera Hitz saukolt?

Papa: Tschuldige, Bua, des wor jetza a Schmarrn. Hitz natürlich. Z'Israel is ja awl hoaß. Aaf jedn Fall: Tagelang unterwegs, kein Wirtshaus, kein Freibad, kein Weißbier, nix! Ein Wahnsinn! A normaler Mensch holt des sowieso ned aus.

Sohn: Ja, owa Papa, wenns dodal miad gwen san, worum hamms denn dann ned gschloffa?

Papa: De hamm doch ned schloffa kinna!

Sohn: Worum denn ned, Papa? Hammand de sovül Cola trunka? Oder an Red Bull?

Papa: Des ned. Owa man konn doch ned schloffa, wenns Wei entbind!

68

Sohn: Wos, Papa?

Papa: Wenns Wei a Kind kriagt, dann konnma doch ned schloffa. D'Maria hod doch a Kind kriagt damals. 's Jesukindlein, kennstas doch!

Sohn: Owa dann hätt doch da Josef daweil schloffa kinna. Oder hod der aa a Kind kriagt?

Papa: Der doch ned. Der scho zwoamol ned. Der hod ja praktisch mit dem Kind nix zum dua ghabt.

Sohn: Worum hod er dann ned gschloffa?

Papa: Jamei, der hodse um alles kümmern miaßn, dass nix passiert. Gsundheitlich und überhaupt.

Sohn: Wor ebba da Josef a Doktor?

Papa: Naa, da Josef wor doch koa Doktor. Wia kimmst denn aaf den Schmarrn? Da Josef wor doch a Ding ... a ... zenalln, wos wor jetza da Josef? A Heizungsbauer? Naa ... a ... a Ding wor er, a Zimmermann!

Sohn: A Zimmermann? Also Papa, a Zimmermann, der kenntse doch bei da Geburt ned aus! Worum hodse denn do da Josef auskennt?

Papa: Mei, wos hoißt auskennt. So genau woaß i des jetza aa ned. Aaf jedn Fall wors guat, dass er do wor.

Sohn: Worum nacha?

Papa: Woaßt wos? Jetza glangtsma! Heier singma „Oh Tannenbaum"!

Frau Meier ist bei Frau Dobler eingeladen. Und weil Adventszeit ist, gibt es natürlich, abgesehen von ein paar Nebensächlichkeiten, ein zentrales Gesprächsthema ...

Die Weihnachtsplätzchen

Dobler: So, griaß Gott, Frau Meier. Des is schee, dass Sie heit Zeit hamm. Göld hamma, Übergwicht hamma, owa koa Zeit hamma, hahaha! Jetza sitzns Eahna her, nacha ratschma a weng. Geh, Oma, ruck aaf d'Seitn, dass d'Frau Meier an Plotz hod!

Meier: Bin so frei! Es geht scho. D'Oma braucht ned rucka wega mir. Bleibns no sitzn, Oma!

Dobler: So, nehmans Eahna ruhig daweil a Plätzl, Frau Meier. Da Kafä is glei durch. Wenna durch is, nacha bringen glei.

Meier: Mei, scheene Plätzln hamms, Frau Dobler. Wunderbar. So farbenfroh. I sog awl: „'s Auge isst mit!" Aa beim Plätzl.

Dobler: Do hamm Sie recht, Frau Meier. Mei, i hob holt bacha, wosma normal aso bacht: Bärnpratzn, Zimtsterne, a Mognbrout, Kokosheiferl. Dann no so zammpickte, i woaß momentan gor ned, wia de hoißnd, i miaßert direkt im Kochbuch nochschaun. Owa guat sans. Probierns amol a sechas!

Meier: Bin so frei! Mmmm ... wunderbar! Do brauches Rezept, unbedingt! Mei, Sie miaßn de naxtn Dag amol zu mir kemma, nacha kinnans meine aa probiern. *Lacht:* Bevor dass mei Mo alle verdruckt. Der Mensch is unmöglich.

Dobler: A geh!

Meier: I sogs Eahna. I muaß de Plätzln guat verstecka, ganz guat! Wenn i de Plätzln ned dermaßen guat verstecka daad, hättma mir scho am Zwoatn Advent koi mehr. Der Mo wenn Plätzln segt: Ungelogen – Stuckara zwanzge aaf oamol. Der konnse nimmer bremsn. I sog awl, des is direkt aso a Art Sucht. Owa do locht er bloß.

Dobler: A geh! Jamei, wenns eam holt schmeckt. Schauns, mei Paul, der is jetza scho siem Johr dout, der isst praktisch scho lang koa Plätzl mehr. I wollt, er aaß no oans. *Weinerlich:* Omei, mei Paul!

Meier: Do hamms recht, Frau Dobler! Eahna Paul, des war a feiner Mann! Sie, Eahnane Kokosheiferl, de san aa ned schlecht!

Dobler: Gellns, Frau Meier, des sogn Sie aa. But-ter-weich!

Meier: Ja, wirklich, ganz guat. Also, verstengas mi ned falsch, wirklich guat sans. I persönlich, i moch owa d'Kokosheiferln mit mehr Biss. Mehr so kross. Dass kracht, wennma einebeißt. Wissens, wos i moin, Frau Dobler? Mehr so, so mit Biss. Kross holt.

Dobler: I woaß scho, wos Sie moina, Frau Meier. Owa i hob von an Kokosheiferl a andere Auffassung. Nix für unguat, owa a Kokosheiferl muaß woach sa. Des derf ned splittern, sondern des muaß direkt z'geh beim essn.

Meier: Mei, de oan sogn aso, de andern sogn aso. Im Prinzip is o wurscht. I moin, wer konn des scho genau sogn, ob jetza a Kokosheiferl mehr kross oder eher woach sei soll. Des konnma ganz schlecht sogn. Vielleicht is des aa regional verschieden. Wissen konnmas ned.

Dobler: Wissens wos, Frau Meier? Jetza frongma d'Oma, wal de is a Hausfrau der alten Schule. *Zur Oma:* Wos sagst jetza do du, Oma, muaß a Kokosheiferl mehr woach sei oder mehr kross?

Oma: Ha??

Dobler *Laut:* Dei Meinung möchtma wissen: Muaß a Kokosheiferl mehr kross sei, also mehr hirt, oder mehr woach?

Oma *Zahnlos:* Des is mir wurscht! I muaß eh alls eibrocka!

71

Ende einer Nikolaus-Karriere

Alfons Krumpler
Nebenerwerbsnikolaus
An der Fräskante 1a
Hintervordern

Hintervordern, den 7. Dezember (heuer)

An
Agentur „Rent-a-Niglo"
City-Business-Park
Wurzn 1
Wuchtlfing

Betreff: Kündigung eines Engagementvertrages (Nikolaus)

Sehr geehrte Damen und Herren,

ich, Alfons Krumpler, bin seit 1962 im Nebenerwerb als Nikolaus tätig. Hauptberuflich bin ich nach wie vor Pförtner im Ruhestand sowie Zusteller des „Wuchtlfinger Heimatboten". Um Ihnen die Beweggründe dieses meines Schreibens zu erläutern, zunächst ein kurzer Rückblick:
Ich habe in den ersten Jahren den Nikolaus gemacht, ohne dafür eine Bezahlung zu bekommen. Damals freute man sich auch über ein Bröckerl Geselchtes, ein paar Eier oder zwischendurch einen Schnaps. Und die Tätigkeit als Nikolaus selbst war so befriedigend, dass man gerne auf Geld verzichtete. Die Leute grüßten einen, wenn man in Montur war, auf der Straße mit „Grüß Gott, Herr Nikolaus", vereinzelt sogar mit „Gelobt sei Jesus Christus", was meiner Meinung nach übertrieben, aber trotzdem angenehm war.
Auch die Kinder waren größtenteils wohlerzogen und fürchteten sich vor mir. Nicht privat, sondern als Nikolaus! Lediglich

dem damals zehnjährigen Sohn unseres Metzgers entwich vor Jahren der skandalöse Satz: „Hä Krumpler! Du schaust als Niglo no bläder wia sunst!" Aber wie gesagt, das waren unrühmliche Ausnahmen. Im Übrigen setzte sich die verbrecherische Tendenz bei dem Sohn des Metzgers fort. Bereits als Jugendlicher fiel er unangenehm auf, indem er unschuldige Frösche Zigarren rauchen ließ, bis diese zerbarsten. Die Frösche wohlgemerkt, nicht die Zigarren! Zwischenzeitlich hat sich sein sozialer Abstieg beschleunigt, und er sitzt wegen Anlagebetrugs in der Justizvollzugsanstalt Straubing. Er hat nämlich über das Internet eine Betonmischanlage verkauft, ohne diese überhaupt zu besitzen! Aber dies nur nebenbei.

Wie gesagt, das Dasein als Nikolaus im Nebenerwerb hat mir eigentlich stets Spaß gemacht. Später, als ich dank Ihrer Agentur „Rent-a-Niglo" sogar bares Geld damit verdiente und lohnsteuerpflichtig wurde (Steuerklasse VI), habe ich mir oft gedacht: „Schau her, Alfons, bringst den Kindern eine Freude und verdienst auch noch ein Geld damit! Du hast es wirklich schön!"

Aber wie heißt es so treffend: Das war einmal! Verschiedene Vorkommnisse in den letzten zwei bis drei Jahren haben mich, gelinde gesagt, zermürbt, um nicht so sagen demotiviert. Ich sehe keine Perspektive mehr als Nikolaus und habe mich daher entschlossen, meinen Engagementvertrag mit sofortiger Wirkung zu kündigen. Wenn ich nicht einen gewissen Grundanstand besäße, müsste ich sagen: „Für diese Hunzkripplln soll den Deppen machen wer will, ich nicht mehr!" Aber weil ich eben diesen Anstand habe, sage ich es nicht.

Damit Sie sich ein Bild vom Niedergang der Nikolauszunft machen können, darf ich Ihnen nachfolgend ein paar Ereignisse schildern, die mich in ihrer Gesamtheit soweit gebracht haben, dass ich nimmer mag.

1. Böswilligkeit der Obrigkeit

Wie gesagt, ich bin seit 1962 als Nikolaus unterwegs. Zu Fuß, per Rad und in den letzten Jahren vermehrt mit meinem Privat-

Kfz. Es bleibt nicht aus, dass man hie und da von netten Eltern, die es gottlob vereinzelt noch gibt, zu einem branntweinhaltigen Getränk oder wie wir sagen „Schnapserl" eingeladen wird. Man trinkt es auch, wieso auch nicht? Erstens würde man die Leute beleidigen, wenn man das edle Getränk stehenließe, und zweitens hat ein Schnaps noch keinem geschadet, zumal man ihm bei einer Außentemperatur unter dem Gefrierpunkt sogar eine vorbeugende Wirkung zuschreibt.

Langer Rede kurzer Sinn: Ich fuhr letztes Jahr von meiner Tour gegen 22.20 Uhr nach Hause und kam völlig unerwartet in eine Polizeikontrolle. Ich lenkte mein Fahrzeug wie gewünscht rechts ran, drehte das Fenster herunter und begrüßte die Gesetzeshüter mit einem verbindlichen „Hawedere, hicks, Kollegen!" Dabei fiel leider meine Kopfbedeckung (Mitra) aus dem Autofenster.

Ich muss der Vollständigkeit halber hinzufügen, dass ich wegen des sehr ausladenden Kostümes nicht angeschnallt war, was jeder normal denkende Mensch sofort verstehen würde. Nicht aber der mich kontrollierende Polizist! Grußlos und wortkarg wies er mich auf den „Mangel", wie er es nannte, hin. Des Weiteren gab er mir zu verstehen, dass ich laut seiner Radarpistole innerorts 76 km/h gefahren sei. Jetzt war schnelles Reaktionsvermögen gefragt!

Gottlob fiel mir spontan eine Rechtfertigung ein: „Wenn Sie zehn Schnaps gsuffa hättn, dann daadns aa schaun, dass schnell hoamkemman, guada Mo, hicks!"

Ich versichere, dass dies der Wahrheit entsprach, weil ich weder privat noch als Nikolaus lüge. Denn schon in der Bibel steht geschrieben: „Du sollst kein falsches Zeugnis ablegen!" Glauben Sie, dass dieser sture Polizeibeamte meine Wahrheitsliebe zu schätzen wusste? Mitnichten! Mit unschönen Worten bezichtigte er mich der Trunkenheit am Steuer in Tateinheit mit Geschwindigkeitsüberschreitung und Verstoß gegen die Anschnallpflicht. Da ich in meiner verständlichen Erregung Stellung zu den Vorwürfen nehmen wollte, sagte ich: „I hau dir mein Sack ume, dassda d'Nosn hintn aussa steht, du Zigrettn-

bürscherl, du windigs! Du Schwindsuchtspiraln, du kaasige!"
Diese meiner Ansicht nach harmlose Neckerei erweiterte die
Liste der Straftaten um den Tatbestand der Beamtenbeleidi-
gung. Bilanz: Einem Führerscheinentzug von neun Monaten
und einer Geldstrafe von 2700 Euro steht ein Einkommen als
Nikolaus von 168 Euro gegenüber. Da kann man mit Fug und
Recht sagen: Außer Spesen nichts gewesen!

2. Fehlende Solidarität der Eltern

Mit Wehmut denke ich an die Zeiten zurück, wo man als
Nikolaus von Vätern bzw. Müttern aufgefordert wurde: „Hau
dem Kare ruhig oane mitn Stecka affe, Herr Nikolaus, dass
er wieder besser aafpasst in da Schul!" Oder auch: „Steckna
in Sack eine, den bösen Sepp und nimmna mit, weil er immer
so frech zu seiner Mama is!" Da waren Eltern noch Eltern!
Hart, aber fair.

Und heutzutage? Abgesehen davon, dass die Kinder Namen ha-
ben, die man als nichtakademischer Nikolaus kaum mehr aus-
sprechen kann (kürzlich hieß ein vierjähriger Bub Jerome Santa
Cruz Binkl und seine etwa gleichaltrige Zwillingsschwester
Jacqueline Chantal Britney Binkl!), wird die Autorität des Niko-
lauses systematisch untergraben. Wie Sie wissen, war ich vorges-
tern, also am 5. Dezember, außerplanmäßig als Krampus einge-
teilt, weil der Originalkrampus an einer eitrigen Bindehautent-
zündung litt. Als Nikloaus fungierte Heinz Gruber. Als wir den
beiden Kindern des Lehrerehepaares M. aus unserem liebevoll
gestalteten goldenen Buch ihre Verfehlungen vortrugen, quit-
tierte der Sohn Oliver (!) jede einzelne Verfehlung mit der lapi-
daren Bemerkung: „Aso a Schmarrn!" Glauben Sie, die Eltern
hätten eingegriffen? Null! Mit mildem Lächeln betrachteten sie
ihren mißratenen Saufratzen, während in mir mehr und mehr
eine Aggressivität erwuchs. Sie müssen sich vorstellen, wie man
sich da fühlt, wenn man als Individuum, das den Kindern Angst
machen soll (= Krampus), zur Witzfigur degradiert wird und dies
mit Billigung der Eltern!

Auf jeden Fall, nach dem achten „aso a Schmarrn!" konnte ich mich nicht mehr beherrschen. Ich packte das ungehobelte Kind am Schlafittl, schüttelte es relativ heftig und verschaffte mir mit der Drohung: „Oamol wennst no ,aso a Schmarrn' sagst, du Gfries, du bläds, dann hau i dir oane owa, dass du durch d'Ohrwaschln ,La Paloma' pfeifst!" Respekt. Dies zeigte Wirkung! Der Sohn war unverzüglich ruhig und verfiel sogar in eine gewisse Andacht.

Nicht so dessen Mutter! In der bekannt hysterischen Art von Frauen dieses Kalibers fuhr sie mich an. Ich sei ein Grobian, ein Primat, völlig ungeeignet, kleinen Kindern die Grundzüge der Nächstenliebe näherzubringen. Sie werde sich bei der Agentur über mich beschweren und eventuell eine Anzeige wegen Körperverletzung in Erwägung ziehen! Ihr Sohn sei vermutlich traumatisiert und lebensuntüchtig, weil ich ihn seelisch misshandelt hätte. Versuche von Heinz, dem Nikolaus, die Situation dadurch zu entschärfen, dass er darauf verwies, dass Krampus ja traditionell der eher Böse sein müsse, gingen im Geschrei der Pädagogengattin unter. Wir wussten uns keinen anderen Ausweg mehr, als die Geschenke in Windeseile auszupacken, allseits noch eine schöne Adventszeit zu wünschen und unter Verzicht auf das vereinbarte Honorar das Weite zu suchen. Sein Geschenk, einen CD-Brenner, kommentierte der freche Sohn mit der schon bekannten Bemerkung: „Aso a Schmarrn!" Vermutlich ist dies der einzige Satz, den er sagen kann. Ich würde meinen, das ist für einen 16-jährigen Lehrerssohn etwas wenig, um nicht zu sagen, dürftig.

3. Bloßstellung durch unqualifizierte Fragen

Auch Kinder von noch geringem Alter lassen oftmals jeglichen Respekt vermissen. Forderte man früher ein kleines Kind auf, ein Gebet aufzusagen, so kam wie aus der Pistole geschossen ein fehlerfreies „Jesukindlein" oder ähnliches, zumindest „Alle meine Entchen".

Und was passierte mir gestern? Ich war als Nikolaus bei einem vierjährigen Mädchen (Einzelkind!) und frug in gütiger Art und

Weise: „Na, Kunerl (sie heißt Kunigunde!), kannst du ein schönes Gebet?" Anstatt, dass es betet, schockiert mich das Kunerl mit einer Gegenfrage: „Konnst du oans, Nikolaus?" Ich kann natürlich keines! Man kann ja nicht alles können. Sie können sich denken, welches Maß an Autorität mir noch verblieb, als ich dies sowohl gegenüber dem Kind als auch gegenüber seinen grinsenden Eltern eingestehen musste. Das erkennbare Nicken des Vaters auf die Frage von Kunerl, ob der Nikolaus blöd sei, hat mich psychisch sehr belastet. Wenn es soweit ist, dass man als Heiliger ein vierjähriges Kind nicht mehr fragen kann, ohne Gefahr zu laufen, als Idiot entlarvt zu werden, dann ist unsere Gesellschaft am Ende!

4. Fehlende Andacht

Immer öfter kommt es vor, dass ich meine Auftritte als Nikolaus nur mehr bruchstückhaft absolvieren kann. Fehlende Andacht und häufige Störungen führen dazu, dass ich mir bisweilen wie ein unerwünschter Hausierer vorkomme. Mit Grausen erinnere ich mich an ein Engagement im letzten Jahr. Ich rasselte bereits ca. zehn Minuten bei Schneeregen mit meiner Kette an der Haustüre, bis man mich endlich bemerkte. Wie sich herausstellte, war der Fernseher zu laut eingestellt. Ein sichtlich genervter Vater öffnete mir und anstatt mich höflich zu grüßen, raunzte er mir ein „jetza kimmt der aa no daher" entgegen. Er wies mich an, in der Küche zu warten, da im Wohnzimmer „ran" laufe und er nicht gestört werden wolle. Seine Frau plus zwei Kinder werde er dann gleich zu mir schicken, damit ich ihnen, wie er meinte, die Leviten lesen könne. Allen dreien, wie er betonte! Ich könne mir einstweilen ein Weißbier einschenken und von den Chips essen, wenn ich Lust hätte. Ich setzte mich auf einen Küchenstuhl, stellte meinen Sack ab und wartete. Vom Bier und von den Chips nahm ich natürlich nichts, weil sich das als Nikolaus nicht schickt. Sodann hörte ich den Hausherrn ins obere Stockwerk hinaufbrüllen: „Hä Erna! Kimm amol owa mit de Kinder! Da Niglo waar do, in da Küch' hockta!"

Von oben vernahm ich ein „glei" der Frau, dann geschah fünf Minuten gar nichts. Ich genoß die Verschnaufpause in der dunklen Küche, hatte dabei jedoch das Gefühl, nicht allein zu sein, da ich ab und an ein seltsam scharrendes bzw. plätscherndes Geräusch vernahm. Als dann die Mutter mit den beiden Sprößlingen hereinkam und Licht machte, war mir der Ursprung des Geräusches schlagartig klar.

Ein hundeähnliches Wesen, kaum größer als eine junge Ratte, hatte an meinen Sack uriniert und sich nun in denselben verbissen. Mit einem „gscht, Josef, gehst du weg!" wurde das Tier auf den Flur gescheucht. Nun sahen mich vier große Kinderaugen an. Ich begann mit dem althergebrachten „Von drauß vom Walde komm ich her, ich muss..."

Bei „muss" läutete ein Handy. Es war das des Sohnes, der mich beruhigte: „Des is bloß da Dominik! Der hodse mei Computerspiel ausglieha und ruaft allaweil o, wenn er nimmer weidawoaß. Dauert bloß fünf Minutn!" Daraufhin entschwand er ins Wohnzimmer. Im Hinausgehen hörte ich noch, wie er ins Handy sprach: „Mocht nix Nik, is bloß da Niglo!" Offenbar war sein Aufenthalt im Wohnzimmer von sehr kurzer Dauer, denn ich hörte den Vater plärren: „Hau bloß ab, d'Sechzger ham an Elfer!"

Die Mutter entschuldigte sich und bat mich, nochmals anzufangen, da sich die Tochter schon lange auf den Nikolaus freue und der Sohn erfahrungsgemäß in der nächsten halben Stunde nicht wiederkehren würde.

Also trug ich mein Begrüßungsgedicht der Tochter und der Mutter vor. „Von drauß vom Walde komm ich her, ich muss ..." Abermals bei „muss" musste die Tochter. „Mama, i muss bieseln", meinte sie weinerlich und hüpfte bedenklich von einem Bein aufs andere. Die Mutter erlaubte ihr notgedrungen, zur Toilette zu gehen, und das blasenschwache Kind verschwand voller Vorfreude.

Nun stand ich alleine mit der Mutter in der Küche, mit nassem Sack und ohne kindlichen Ansprechpartner. Es war irgendwie eine peinliche Situation. Sie wurde kurz dadurch aufgelockert, dass der Ehemann hereinkam, „tschulligung, hobs glei" murmelte, aus dem Kühlschrank ein Bier entnahm und sich wieder ins Wohnzimmer zurückzog. „A schöne Haubn hamms auf", versuchte die Mutter ein Gespräch zu beginnen. Außer „ja" fiel mir aber keine Antwort ein.

„Und? Warns heit scho bei mehreren Familien?" Auch diesmal rutschte mir nur ein „ja" heraus. Irgendwie dachte ich an früher, als die ganze Familie inklusive Großeltern noch um den Tisch saß und gemeinsam den Worten des Nikolauses lauschte. Das waren noch Zeiten! Durch ein lautes Läuten wurde ich aus meinen Träumen gerissen. „Des is d'Nachbarin", klärte mich die Hausherrin auf, „de braucht wahrscheinlich wieder irgendwos! An kloan Moment bittschön!"

Sie ging an die Haustüre, begrüßte überschwänglich die Nachbarin, und dann hörte ich sie gemeinsam in ein Nebenzimmer tippeln. Als ich so allein in der Küche stand, dachte ich mir: „Bin ich blöd?" Und was das Schlimme ist, ich konnte diese Frage in diesem Moment nicht einmal verneinen! Deshalb ließ ich den Sack mit den vermutlich feuchten Geschenken einfach stehen und ging. Keiner merkte etwas. Beim Hinausgehen hörte ich noch den Familienvater jubeln. „Erna! Zwoa oans für d'Sechzger!" – „Na, wenigstens einer, der sich heute freut!", dachte ich.

Es gäbe noch vieles zu sagen, aber im Wesentlichen waren das meine Kündigungsgründe. Das I-Tüpfelchen sind politische Entwicklungen, wonach ich als Nebenerwerbsnikolaus künftig eventuell sogar Sozialversicherungsbeiträge entrichten muss. Soweit lasse ich es nicht kommen!

Mit himmlischen Grüßen

Alfons Krumpler
Ex-Niglo

Der Wunschzettel

Sehr geehrtes Christkind,
liebes Jesukindlein,

mein Name ist Björn Wurzbauer und ich werde sieben Jahre alt. Ich bin nicht ganz sicher, ob es Dich wirklich gibt. Falls ja, schreibe ich Dir jetzt diesen Wunschzettel. Falls nein, ist es sowieso wurscht und Du brauchst ihn gar nicht lesen. Jetzt ist zwar erst der 2. September, aber ich habe mir gedacht, ich schreibe schon jetzt, dann kannst Du die Sachen in Ruhe einkaufen und brauchst nicht so hudeln wie meine Mutter, wenn Besuch kommt.

Außerdem kriegst Du jetzt alles noch viel billiger, weil es im Angebot ist. Aber ich glaube, dass Du die Sachen eh nicht bezahlen musst, weil Du ja das Christkind bist. Oder stiehlst Du sie vielleicht in einem ganz großen Geschäft, wo es nicht auffällt, wenn etwas fehlt? Wahrscheinlich nicht, weil sonst würde Dich Dein Vater, der wo der Chef im Himmel ist, nicht mehr hineinlassen.

Im Prinzip ist es mir wurscht, wo Du die Sachen hernimmst. Hauptsache, ich kriege sie. Oma hat gesagt, die meisten Geschenke kriegt der, der wo das ganze Jahr schön der Mama folgt und immer das tut, was die Mama will. Ich habe gesagt, das ist der Papa. Da hat die Oma gelacht und gesagt, das gilt natürlich nur für Kinder und nicht für große Leute.

Da war ich sehr froh. Ich mag zwar meinen Papa gern, aber dass er die meisten Geschenke kriegt, vergönne ich ihm nicht. Außerdem raucht er, wenn die Mama nicht daheim ist und als Belohnung, weil ich ihn nicht verrate, darf ich mir im Fernseh einen greislichen Monsterfilm anschauen. Von den Kindern bin ich bestimmt der bravere, weil meine Schwester, die wo erst fünf Jahre alt ist, ist ein wahrer Deifl.

Sie hat mir zum Beispiel im Sommer einen ganzen Schiebel Haare ausgerissen wegen nichts und wieder nichts. Nur weil ich ihrem blöden Goldhamster ein Bier gegeben habe, wie sie nicht da war. Dann habe ich ihn in sein Laufrad gesetzt und zugeschaut, wie er läuft und es war recht lustig. Nach einer Weile habe ich ihn darin dodal vergessen, weil mein Freund Kevin Kreuzpaintner gekommen ist und wir haben Fußball gespielt.

Als nach einer Stunde meine Schwester heimkam, hatte sich das dumme Viech schon derrennt.

Sie hat geschrieen wie noch was und gesagt, dass ich ein Mörder bin, derweil war es praktisch Selbstmord. Er hätte nur das Rennen aufhören brauchen, aber er tat es nicht. Selber schuld. Und ein Schoppen Bier kann doch einem Hamster nichts ausmachen. Außerdem habe ich ihn eh nicht leiden können, weil er hat immer recht gemuffelt. Meine Mama hat mich geschimpft und gesagt, ich bin und bleibe ein dodaler Grobian.

Dann haben sie den Hamster im Garten neben dem Kompost beerdigt. Als Sarg haben sie eine Bigmäcschachtel hergenommen, aber ohne Bigmäc. Ich musste zur Strafe einen Zettel schreiben. Den haben sie auf einem Holzstecken aufgespießt und neben das Grab hingesteckt. Darauf stand:

Hier ruht mein Hamster Fridolin
erst lebte er, jetzt ist er hin.
Schuld an dem Verdruss
ist mein Bruder, die dumme Nuss.

Da kannst du sehen, liebes Christkind, wie geschert meine Schwester ist. Zum Schluss hat sie noch ganz scheinheilig gesagt: „Herr, gib Fridolin die ewige Ruhe." Aber ich habe genau gemerkt, dass sie mich meint, weil sie mich so angeschaut hat.

Ich beantrage hiermit, dass Du ihr heuer nichts bringst, höchstens eine leere Schachtel, wo ein Zettel drinliegt und darauf soll stehen: „Wer seinem Bruder wegen nichts und wieder nichts einen Schiebel Haare ausreißt, kriegt vom Christkind einen Dreg!" Dann hat sie es.

Ich wünsche mir dafür heuer etwas mehr, damit es sich ausgleicht. Ich bräuchte unbedingt ein Fahrrad mit 21 Gängen, weil ich bin in der Klasse 1b der einzige, der wo nur drei Gänge hat. Mein altes Rad mit den drei Gängen kannst Du dafür mitnehmen und einem armen Negerkind in Afrika bringen. Für ein solches sind drei Gänge schon ein dodaler Wahnsinn.

Dann bring mir bitte noch einen Extra-Fernseh für mein Zimmer, damit ich nicht immer den Käse anschauen muss, den meine Mutter und mein Vater sehen wollen. Die schauen die ganze Zeit nur Tok-Schous und so Zeug an. Tok-Schous sind Sendungen, wo lauter Nasche dortsitzen und über was reden, was keinen intressiert.

Außerdem brauche ich noch einen Dress vom FC Bayern München und vorsichtshalber von Borussia Dortmund, falls diese Hundlinge wieder deutscher Meister werden. Sonst fällt mir momentan nichts ein.

Du könntest mir aber noch ungefähr 1000 Euro in bar bringen, falls mir später noch etwas einfällt. Dann kaufe ich es mir selber und Du hast nicht soviel Arbeit mit mir. Bitte vergiß nichts, weil sonst bin ich enttäuscht. Und in der Zeitschrift, die wo meine Mutter immer liest, steht drin, wenn ein Kind oft enttäuscht wird, wird es bsüchisch gestört und später eventuell richtig nasch.

Das willst Du doch bestimmt nicht, oder?

Hochachtungsvoll

Dein Björn

P. S.: Hoffentlich gibt es Dich überhaupt, weil sonst ist dieser Brief dodal sinnlos.

Es ist immer wieder schön, die leuchtenden Kinderaugen bei der Bescherung zu sehen. Ein beliebtes Weihnachtsgeschenk für kleine Buben ist nach wie vor technisches Spielzeug, eine Modelleisenbahn zum Beispiel. Aus Platzgründen wird diese als handliches Paket in vielen Einzelteilen geliefert und muss zusammengebaut werden. Der Vater kann ja dabei behilflich sein, denn

Da Papa konn des scho

Mutter: So, Norbert, jetza schau amol, wos dir's Christkindl alles bracht hod!

Norbert: Ghörn de Sachen alle mir, Mama? Derf i alle nehma?

Vater: Moment, Norbert! De Krawattn und des Rasierwosser ghörn mir! Und de Gebäckmischung und der Wok da Mama. Der Rest ghört dir.

Norbert: De Flaschn voll gelbe Farbe aa?

Mutter: Naa, da Eierlikör is für d'Oma. De bsuachma morgn. Owa alles andere ghört dir !

Norbert: Cool! Wos isen in dem Packerl do drin?

Vater: Frag d'Mama, de hods eipackt!

Norbert   *Grinsend:* I hobma denkt, 's Christkindl packt des alles ei.

Vater: Mei, de oan sogn aso, de andern sogn aso.

Mutter: Also Papa, du host keine Ahnung! Gell Norbert?

Norbert: Mei, de oan sogn aso, de andern sogn aso. Derf i dann des Packerl einfach aafreißn?

Vater: Dua a weng langsam und zreiß ned wieder des ganze Gschenkpapier in tausend Fetzn! Des konnma naxts Johr wieder hernehma.

Norbert: Wer? 's Christkindl oder d'Mama?

Vater: Jetza moch aaf und frog ned soviel!

Mutter: Mensch Erwin, sei holt ned so ungeduldig!

Vater:	Weil's wohr is! Der fragt in oana Tour, anstatt dass er des Packerl auspapierlt.
Norbert	*Nachdem er das Geschenkpapier zerstörerisch entfernt hat:* Ey cool! A Monstervideo! Des schau i mir glei o!
Mutter:	Moment, Norbert! Ned glei oschaun! Heit is doch Heiliger Abend, do damma ned Fernseh schaun!
Norbert:	I will ja Video schaun, ned Fernseh!
Vater:	Dua dei Muada ned für bläd verkaffa! Am Heiligen Abend wird ned in Fernseh einegafft, weil des is schlecht für d'Besinnung. Und außerdem muaßt du no de zwoa andern Packerln auspacka. Do, nimm des kloane z'erst!
Mutter:	Des is ganz wos bsonders, Norbert! Do wirst schaun!
Norbert:	Cool! *Nachdem er das Papier heruntergerissen hat:* Wos isn des?
Mutter:	Des is a Magnifikat! Weil du host doch naxts Johr Kommunion. Und drumm kriagst du a Magnifikat!
Norbert	*Enttäuscht:* Owa do gibts doch normal a Geld!
Vater:	Do segstas wieder! Nur Geld im Kopf! Denk doch ned allaweil ans Geld! Gfrei di liawa über dei Magnifikat! Des hod an Haffa Geld kost!
Mutter:	A Geld gibts dann naxts Johr bei da Kommunion. Do kriegst vo alle a Geld gschenkt.
Norbert:	Vo da Oma aa?
Vater:	Grod vo da Oma! De konn ruhig zwoa, drei Hunderter locker mocha. I frog mi sowieso, worum dass de aso sport. De konn aa nix mitnehma, wenns amol soweit is!
Norbert:	Wohi konn d'Oma nix mitnehma?
Mutter:	Ach nix, Norbert. Da Papa red bloß aso daher. Do schau, jetza host no des große Packerl! Packs aus! Do wirst schaun!
Vater:	Do wirst Augn mocha! Des is a Super-Gschenk! Do hautsda's Ventil aussa, wennst des segst!
Norbert:	Cool! *Reißt hastig das Geschenk auf.* A Modelleisenbahn! Cool!

Vater:	Des is wos scheens, gell! I wollt, i hätt' aa amol oane kriagt.
Mutter:	De kann echt raucha und mocht „tschtschtsch"!
Norbert:	Derf i jetza 's Monstervideo oschaun?
Vater:	Ja sog amol, hörst du schlecht? Heit bleibt de Kistn aus! Wer ein so ein schönes Spielzeug hod, der braucht koa Monster!
Mutter:	Genau! Und da Papa baut dir de Bahn jetza zamm und dann kinnts spielen damit.
Norbert:	Owa des dauert doch so lang!
Mutter:	Achwo! Da Papa konn des scho!
Vater:	Genau! Mir bauma z'erst amol den Grundkreis, der geht ganz einfach. De ganze Streck konnma ja dann morgn in Ruhe baun. Heit zum Ausprobiern glangt da Grundkreis. Also, schauma amol, wosma alles hamma!
Norbert:	Do san Kühe!
Vater:	De Kiah san jetza ned so wichtig! Da Zug fohrt aa ohne Rindviecher. Z'erst brauchma Gleise. Do schau her, do hamma jetza verschiedene Gleistypen: A-Stücke, B-Stücke, C-Stücke und Verbindungsstücke gekrümmt. Des is normal kein Problem. Bist schaust, hammas!
Norbert:	Ehrlich, Papa?
Mutter:	Da Papa konn des scho. Also, viel Spaß, ihr zwoa! I geh derweil in d'Küch' und richt's Essn her. *Geht.*
Vater:	Bringstma bitte no an Glühwein, bevor dass'd kochst!
Norbert:	Häuser san aa dabei. Aaf oan steht om „Motel". San de bläd! De kinnan ned amol „Hotel" schreim!
Vater:	Naa, des stimmt scho. Do schreibtma „Motel".
Norbert:	Wos isen nacha a Motel?
Vater:	Jamei, im Prinzip 's gleiche wia a Hotel, bloß mit „M".
Norbert:	Komisch.
Vater:	Des is jetza wurscht. Mir brauchma momentan no koa Haus, sondern a Streck, dass da Zug fohrn konn. Also, steckma amol a poor so A-Teile zamm. De san

rund, des kannt a Kreis wern. *Beginnt, A-Teile zusammenzustecken.*

Norbert: Hühner san aa dabei. Stellma de aafs Gleis? Dann sans hi, wenn da Zug kimmt! Des waar cool!

Vater: Jetza bi staad mit deine Hehner! Mensch Meier, des wird koa Kreis. Des geht ned aus mit de A-Teile. I glaub, mir brauchma doch zwischendurch a B-Teil, dass de Rundung runder wird.

Norbert: Is des do a B-Teil?

Vater: Des is doch koa B-Teil! Des is da Trafo! Stellna wieder hi, den brauchma erst zum Schlus zum Umlassn. I hob scho a B-Teil. I muaß des jetza bloß amol ausprobiern, ob des aso hihaut. Zenalln, schwitzn dua i aa scho!

Norbert: Do is da Bahnhof, Papa! Wo kimmt denn der hi?

Vater: Wort holt amol mit de Gebäude! I hob doch gsagt, mir brauchma z'erst a Gleis. Wos willst denn mit an Bahnhof, wenn koa Zug ned fohrt?

Mutter: Sodala, do waar da Glühwein! Geh zua, Norbert, gib dem Papa sein Glühwein! *Gibt Norbert die Tasse.*

Norbert: Oläck, is de hoaß! *Lässt die Tasse fallen, der gesamte Inhalt ergießt sich über den Bahnhof, teilweise auch über die Hühner.*

Mutter: O Gott!

Vater: Ja fix! Jetza wirft der de Tassn owe! Schau dir amol de Sauerei o! Alles rot! Der Bahnhof schaut jetza aus wia a Schlachthof! Hilde, hol amol an Hodern zum aafwischn!

Norbert: Des wollt i ned!

Vater: Des hilft jetza aa nix mehr! Des host im Summer aa gsagt, wias'd beim Auto d'Handbrems' aussa host und dann is ans Garagentor drogrollt.

Norbert: Des wollt i aa ned!

Vater: Do pfeif i draaf!

Mutter: *Kommt mit Lappen.* Jetza schimpf ned, Erwin, es is ja Heiliger Abend! Magst no an Glühwein?

Vater:	Naa, mir is da Durscht verganga. Glaubst, mi regt de Eisenbahn scho wieder aaf! Do stimmt ebbs ned mit de Gleise. Des wird ums Verrecka koa Kreis ned. Des is bestimmt wieder aso a ausländischs Glump!
Mutter:	Aaf da Schachtel steht om „hergestellt in Thüringen".
Vater:	Howes ned gsagt? Des passt hintn und vorn ned zamm! Amol is d'Krümmung z'weng, dann is wieder z'viel.
Norbert:	Probier holt amol aso a kloans Gleis, Papa!
Vater:	A Zwischenstück? Des konn i mir ned vorstelln, dass des passt. Des seg ja i scho mit de bloßn Augn, dass se des falsch krümmt.
Mutter:	Probiers holt, Erwin! Kinder hamm do oft a Intuition!
Norbert:	Naa Mama, i hob bloß a kloans Gleis.
Mutter:	Ja, is scho klar, Norbert. Gibs amol'n Papa!
Norbert:	Do Papa, probier's amol!
Vater:	Dua her, dass a Ruah is! *Wider Erwarten passt das Stück, der Grundkreis ist perfekt.* Ja gibts des aa!
Mutter:	Segstas Erwin, unser Norbert is a technisches Genie!
Norbert:	Hihi!
Vater:	Noja. A blinde Hehn find aa amol a Korn.
Norbert:	*Sieht das Federvieh entsetzt an.* San de Hühner ebba blind?
Vater:	Naa, des ned. Des verstehst du ned. So, jetza gibma amol den Trafo! *Norbert gibt ihm den glühweingetränkten Bahnhof.* Naa, ned'n Bahnhof, den Trafo! Des schworze Drumm do!
Norbert:	Aso, des! Des is owa koa schönes Haus!
Vater:	Des is koa Haus, des is praktisch da Motor, dass der Zug überhaupt fohrt. So, des Kabel do, des steckma in des Löcherl im Gleis, dass der Strom vom Trafo ins Gleis fließt und dann gehts auf!
Norbert:	Derf i den Zug scho aaf's Gleis stellen?
Vater:	Stell z'erst amol a Lok hi zum ausprobiern!
Norbert:	A Kirche waar aa no dabei! Mit an Pfarrer und zwoa Ministranten. Derf i de Ministranten aaf d'Lok affesitzn?

| Vater: | Vo mir aus. Owa des is fei scho a weng seltsam, wenn zwoa Ministranten aaf da Lok draffsitzn. Des wenn ebba segt, der moant, mir hammas nimmer alle. |
| Norbert: | Doch, mir hamma scho no alle, weil es san ja bloß zwoa! |

Vater schüttelt den Kopf, Norbert setzt in froher Erwartung die mit zwei Ministranten bemannte Lok auf das Gleis.

Norbert:	So Papa, jetza kinnma fohrn! Schau her, do is a Pfeiferl dabei! Derf i pfeifa?
Vater:	Pfeif, dann fohrma! *Norbert pfeift.*
Mutter:	Konnst du toll pfeifa, Norbert!
Vater:	So, alles einsteigen, Rauchen einstellen, auf gehts! Schau her, Norbert, dassda's lernst: I draah jetza den Schalter vom Trafo vo „off" aaf „on", dann fohrt da Zug! *Vater dreht den Schalter, nichts geschieht.*
Mutter:	Der fohrt fei ned, Erwin!
Vater:	Des seg i aa!
Norbert:	Papa, worum fohrt denn der ned?
Vater:	Weil er ned geht, drum fohrt er ned. Weil wenn er gang, dann fohrad er. Glump, elendigs! Z'erst plogst di scho mit de Gleiser umananda, dann wird da Bahnhof mit Glühwein geflutet und jetza fohrt er ned. Wahrscheinlich is durch den Glühwein a Kontakt noß worn.
Mutter:	Des konn sei. Do bist eventuell du schuld, Norbert.
Norbert:	Des wollt i ned!
Vater:	Hilft alles nix. Mir miaßma wortn, bis morgn wieder alles trucka is.
Norbert:	Ey cool! Dann schau i mir derweil des Monstervideo o!
Vater:	Normal wird ned Fernseh gschaut am Heiligen Abend!
Mutter:	Ja, owa dann muaßt eam de Eisenbahn richtn, dass da Zug fohrt! Sunst is doch langweilig für eam!

Vater:	Soll er holt im Magnifikat lesn! Des daad eam ned schodn!
Mutter:	Also Erwin! Des konnst ned vo eam verlanga!
Vater:	Aaf jeden Fall konn i jetza de Bahn ned richten, weil des vermutlich a reine Feuchtigkeitsfrage is. Des trickert mit da Zeit vo selber, do konnma nix richtn. Dann soll er holt in Gotts Nam' sei Monstervideo oschaun, dass a Ruah is.
Norbert:	Danke, Papa!
Mutter:	Und i moch's Essen fertig. In 30 Minuten is soweit!
Vater:	Nacha leg i mi derweil a weng ins Bett, weil de Bahn hodme jetza gscheit gschlaucht. Schreitsma, wenn's Essen fertig is! *Vater geht.*
Mutter:	So, Norbert, jetza schaust dei Video o und morgn wird nacha d'Eisenbahn scho wieder fohrn.
Norbert:	Morgn fohrts bestimmt!
Mutter:	Genau! Weil da Papa konn des scho, gell?
Norbert:	Naa, weil i den Stecker wieder in d'Steckdosn steck!

Die Weihnachtszeit ist eine schöne Zeit. Manchmal staad, manchmal stressig, manchmal lustig, meistens ...

Recht besinnlich

A: Omei, de Weihnachtszeit!

B: Jaja, des is aso a Zeit, de Weihnachtszeit!

A: Wos mochts nacha ihr aso in dera Zeit?

B: Mei, allerhand mochma mir do.

A: A geh! Allerhand? Mei Liawa, glauben möchstas ned.

B: Am erstn Adventswochenende, do is bei uns Christkindlmarkt. Do kaafama z'erst amol a Rosswurscht, besser gsagt vier worme und sechs kolte für dahoam. Wal wennst amol nix dahoam host, host wenigstens a Rosswurscht.

A: Des is fei wos guats, aso a Rosswurscht. Se wernd holt allaweil deierna.

B: Dafür werns owa aa kürzer. Na gleichtsase wieder aus.

A: Hahaha! Do hamms aa wieder recht! Hahaha! Sie san mir vielleicht ein Witzbold!

B: Gell. Ja, dann geh i wieder am Christkindlmarkt und kaafma frische Waffeln und an Glühwein. Des brauch i aaf den Senf affe.

A: Dass se da Mogn wieder eirenkt! Des kenn i. Hahaha!

B: Genau. Und dann pack i no zwanzig, dreißig Maroni. Schee hoaß!

A: Maroni? San des ned Schwammerl?

B: Des aa. Owa Kastanien sans aa. So Esskastanien vo Italien affa. De schmeckand wia Erdäpfl, bloß anders.

A: Do schau her!

B: Ja, und wenn i vom Christkindlmarkt hoamgeh, dann nimm i mir no zwoa Brotwurschtsemmeln mit. Des is dann so richtig besinnlich.

A: A geh!

B: Ja. Und dann, am Nikolausdog aaf d'Nacht, do holma uns dann an BigMäc oder a Pizza oder aa amol a Gyros. Wega de Kinder, de essn des Zeig gern. I eigentlich aa. I moin, des is klar: Da Nikolaus, der kriagt dann aa amol a Stückerl Pizza. Der soll aa ned leben wia a Hund. Wenn er scho de ganz Nacht umanandrennt in dem Sauweda, dann soll er aa amol a worms Bröckerl essn. Des is mei Meinung.

A: Des is a feiner Zug vo eich. Grod in da Vorweihnachtszeit.

B: Jaja, do lass' i mi ned lumpen. Letzts Johr hamma no a mords a Gaudi ghod mit eam. Hamma eam mit z'Fleiß a Stückerl Pizza gem mit ana rotn Pfefferoni draaf. Der hod de nicht gseng, de Pfefferoni. Mei, sei Brülln wor dodal oglaffa. Der hod de gessn wia nix. Mei Liawa, owa nacha hoda blosn! Sie, der hod zwei Minuten keinen Ton sogn kinna. Mei, a weng a Gaudi muaß aa sa. Dem is's Wosser owegrunna, dassma nimmer gwisst ham: Flennt der vor lauter Freid iwa de Pizza oder schwitzt er aso wega dera Pfefferoni.

A: Hahaha. Jaja, de Adventszeit, des is a fröhliche Zeit!

B: Genau! Owa trotzdem, wia er nacha wieder a Luft kriagt hod, is no recht besinnlich worn. Vor allem, wiama eam den McChicken vo da Oma mitgem ham, wal de isst den Zeig ned.

A: Also, wos für Sachern dass ihr mochts. Wunderbar!

B: Ja, gell! Und dann, so um den zehnten Dezember, do is dann d'Christbaamversteigerung vo da Feierwehr. I steiger meistens an Ring Fleischwurscht oder a Blunzn Pressog oder aa amol a Schworzgreicherts. Und an Loab Bauernbrout. Und dann lassma uns vom Wirt a Messer bringa und dann gehts auf. Na fressma alls glei zamm. Na brauchma nix hoamtrogn. Des is awl recht besinnlich. Plätzln gibts umasunst!

A: A geh? Umasunst?

B: Jaja. Aaf jedn Tisch a Schüssel voll. Sie, des sog Eahna: Wennst amol a Blunzn fettn rotn Pressog gessn host, nacha bist um a Plätzl direkt froh.

A: Des renktn Mogn wieder ei. Hahaha!

B: Genau. Und nacha kimmt eh bold da Heilige Abend. Do gibts bei uns Brotwürscht, Weißwürscht, Pfälzer, ab und zu amol aa a Gschwollne, und natürlich a Kraut. Und Weckln und Semmln sowieso, sunst wernd de Würscht zu gaach. Do essma dann oft zwoa Stund aso dahi. Des is awl recht besinnlich.

A: Des glaube. Omei, de Weihnachtszeit is scho wos wunderbars!

B: Wunderbar. Obwohl uns d'Oma letzts Johr fast a weng an Wirbel einebrocht hod. Mir sitzma do, 's Essn is firte und d'Oma find ihra Biss ned. „Ja, wo is denn, ja wo is denn?", hods awl gjammert. I hob gsagt: „Oma", hob i gsagt, „pass besser aaf dei Zeig aaf! Jetza is Heilig Abend und du findst dei Biss ned. Kein Gebiss, keine Pfälzer!" Mei, Strafe muss sein.

A: Des is owa scho hart. Direkt am Heiligen Abend. Hods nacha nix zum Essn kriagt, d'Oma?

B: A Semml hods ihr dann in Glühwein eibrockt. Mei, wers mog. Owa i konn aa nix dafür. Hätts aafpasst aaf ihra Biss. I konn mi ned ums Biss vo da Oma aa no kümmern. Grod an Weihnachten! Do hob i andere Sachen im Kopf. Owa insgesamt wors recht besinnlich. Außerdem, aa wenn d'Oma a Biss ghod hätt: Mehr wia oa Pfälzer packts sowieso ned. So gseng wors eh wurscht.

A: Eben! Des is dann aa ned so schlimm.

B: Am ersten Weihnachtsfeierdog, do gemma dann essn mit da Tante Irma. Do spendier alls i. Des is scho direkt a Brauch bei uns, a Tradition praktisch. D'Tante Irma, de wird jeds Johr vo mir eiglodn.

A: Des is a feiner Zug vo Eahna!

B: Jamei, sie is alleinstehend, hod zwoa Heiser und koi Kinder. Do muaßmase a weng kümmern. I konn des ned segn, wenn a Mensch mit so einem Besitz dermaßen einsam is. I iss dann meistens a Pfeffersteak, manchmal a Gans, je nachdem. Mei Wei an Tafelspitz, d'Kinder a Currywurscht mit Pommes und d'Tante Irma a Leberspätzlesuppn. Des is dann awl recht besinnlich!

A: A geh! Ja, es is scho wos Scheens, wenn a Familie aso zammholt. Grod in da Weihnachtszeit.

B: Wem sogn Sie des! Am zwoatn Weihnachtsfeierdog fohrma
dann zu da Schwiegermuada. De kocht dann meistens mehr.
An gmischtn Braten, Schnitzl, Gockerl etcetera etcetera.
Also, i glang dann scho hi. D'Schwiegermuada mog des gern,
wenns mir schmeckt. Und i moch ihr holt de Freid. I bin do
einfach aso, grod an Weihnachten.
A: A geh!
B: Ja, und a Nachspeis gibts aa. So Cremes mit Weihnachts-
sterne aus Schokolade. Also, des is awl recht besinnlich. Un-
ser Bua hod ihr letzts Johr de weiße Wohnzimmercouch
voller Schokolad gschmiert. De Couch hod ausgschaut, wia
wenn a Katz draafgsch…, i mogs jetza gor ned sogn, aaf jedn
Fall dodal braun. Mei, es san holt Kinder. Do muaßma scho
Verständnis hom. Ja, und bist schaust, is de wunderbare
Weihnachtszeit vorbei.
A: Des stimmt. De Zeit vergeht dermaßen. Bist schaust, is ume.
Und an Silvester? Wos mochts do?
B: Ach, Silvester, des mog i eigentlich gor ned so gern. Des is
doch im Prinzip a reine Fresserei!

Umso mehr Fernsehsender es gibt, umso höher wird der Bedarf an neuen „Stories". Gerade die Weihnachtszeit bietet vielerlei Anlässe, den Zuschauern spannende oder auch rührselige Geschichten zu präsentieren, meistens gut aufgelockert durch passende Werbeunterbrechungen. Ein Aufnahmeteam von „action-tv", bestehend aus dem Reporter Tscharlie und dem Kameramann Mike, hat sich zum Ödbauern begeben, um einen Beitrag zur Sendung „Vom Niglo zum Christmas-Strip – Weihnachtsbräuche im Wandel der Zeiten" aufzuzeichnen.

Die Weihnachtsbräuche des Ödbauern

Tscharlie: So, da wären wir! Mike, Kamera an! Dann hast du gleich den Ödbauern drauf, wie er die Türe aufmacht. Also: Ich läute jetzt!

Mike: Alles roger, Tscharlie! Kamera läuft! Und action!

Tscharlie: Äh, Moment, Mike! Ich kann gar nicht läuten. Der Hirni hat keine Klingel! Ey, wie kommen wir da rein?

Mike: Ey, vielleicht klopfen, Mann?

Tscharlie: Klopfen is cool! Film mal, wie ich klopfe! Das glaubt uns kein Schwein, dass es noch Menschen ohne Klingel gibt. Also, ich klopfe jetzt! Hast du's drauf?

Mike: Kamera läuft! Gib alles, Tscharlie! Knock on heaven's door!

Tscharlie   *Klopft an die alte Holztüre und spricht mit geheimnisvoll-erregter Stimme in die Kamera:* So, liebe Zuschauer! Wir sind hier beim Ödbauern in Oberkrummling im tiefsten Bayern! Gleich wird uns der alte Ödbauer, der einer Sage nach bereits 94 Jahre auf dem Buckel hat, knirschend die morsche Holztüre des ärmlichen Bauernhauses öffnen. Und

| | dann, ja dann wird er uns etwas über alte Weih-nachtsbräuche im östlichen Ostbayern erzählen. Hier, wo der Wind heult und der Wolf pfeift! Äh, umgekehrt natürlich! Wir sind genau so gespannt wie Sie, liebe Zuschauer! |

Mike: Super, Tscharlie! Jetzt kann, er kommen, der Öd-bauer. *Der Ödbauer kommt aber nicht. Es tut sich über-haupt nichts, minutenlang herrscht beklemmende Ruhe.*

Tscharlie: Ey, wo ist denn der alte Knochen? Ich frier mir hier den Arsch ab! Ey, Ödbauer! Open the door! *Klopft heftig und schreit wiederholt nach dem Ödbauern.*

Mike: Vielleicht isser tot!

Tscharlie: Hast du'n Rad ab? Wir haben einen Termin, da kann der doch nicht den Löffel schmeißen! Vertrag ist Vertrag! Ey fuck, Ödbauer, come on! *Trommelt ge-gen die Tür. Man hört endlich drinnen jemand ganz langsam zur Tür schlurfen.*

Mike: Du, ich glaub, der ist im Anflug! Ödbauer is coming!

Tscharlie: Halt voll drauf, wenn er aufmacht! Du weißt schon, so nach dem Motto: Der alte Bär kommt aus seiner Höhle! Voll drauf!

Mike: Alles klaro, Tscharlie-Boy! Kamera läuft! *Die Türe geht auf. In langer, grauer Unterhose, dicken wollernen Socken, zerschlissenem Pullover und mit Zipfelmütze erscheint der Ödbauer. Sein Gesicht ist wettergegerbt und tief zerfurcht.*

Ödbauer: Ja, griaß God!

Tscharlie: Guten Tag, Herr Ödbauer! Wir sind von „action-tv"!

Ödbauer: Do schau her! I bin vo Oberkrummling!

Tscharlie: Cooler Spruch! Das hier is der Mike …

Mike: Tach auch!

Ödbauer: Griaßde Meik!

Tscharlie: Und ich bin der Tscharlie!

Ödbauer: Servus! *Drückt beiden herzlich die Hand.* Kemmts eina, all zwoa, sunst dafreats enk!

Mike: Was is los, Tscharlie? Was will er? Dafrets enk?

Tscharlie:	Ich habs auch nicht gecheckt, was er meint. Is ja auch egal, gehen wir mal rein in die gute Stube!
Ödbauer:	I bin bloß no am Abort gwen, wal mi hod a krawotischer Dünnpfief dawischt!
Mike	*Flüstert:* Ey Tscharlie, ich versteh' die Mumie nicht!
Ödbauer:	Wos sagta?
Tscharlie:	Er versteht Sie nicht ganz. Sie müssten vielleicht etwas deutlicher reden!
Ödbauer	*Zu Mike:* Mich hat der Durchfall in der Reissen!
Mike:	*Betrachtet angewidert seine Hand, die ihm der Ödbauer gerade noch gedrückt hat.* Ach du dickes Ei!
Tscharlie:	Herr Ödbauer! Wir möchten, dass Sie unseren Zuschauern einige Leckerbissen aus Ihrem reichen Erfahrungsschatz hinsichtlich alter Weihnachtsbräuche im Bayerischen Wald erzählen.
Ödbauer:	Wia frejer holt, ne? Wejs holt frejer aso gwen is damals.
Tscharlie:	Wie bitte?
Ödbauer:	Wie es früher gewest is!
Mike:	Bingo!
Tscharlie:	Genau! Wie es füher an Weihnachten so war! Wir unterhalten uns darüber und der Mike wird unser Gespräch filmen.
Ödbauer:	Aha, da Meik mocht Büldln!
Mike:	Yes, Sir!
Ödbauer:	Wos sagta?
Tscharlie:	Ach nichts, er macht gern mal einen Gag!
Ödbauer:	A gej! Isa ebba a recht a varreckta Hund?
Mike:	Worauf du einen lassen kannst, Komposti!
Ödbauer:	Hähähä! I verstejna zwar ned, owa i moin, er is a patenter Bursch!
Tscharlie:	Genau! Also, Herr Ödbauer: Wir beide setzen uns hier auf das Sofa …
Ödbauer:	Aafs Kanabä?
Tscharlie:	Oder so. Und Mike bleibt stehen und filmt uns so halb seitlich. Ist das für dich okay, Mike, wenn wir hier so sitzen?

Mike:	Gebongt! Location super! Aber etwas heller könnte es sein. Die eine Kerze reicht nicht. Ihr seht ja im Halbdunkel aus wie zwei Zombie-Aliens!
Ödbauer:	Hähä! Eam schau o! Wos er für Sachen sagt! Wos is nacha a Halbdunkel?
Tscharlie:	Nicht so wichtig. Könnten wir das Licht einschalten? Ich mein', die Kerze ist ja ganz romantisch und passt auch irgendwie zu Weihnachten, aber es müßte heller sein.
Ödbauer:	Mir hamma koan Strom ned!
Tscharlie:	Ja, isses denn wahr? Dass es sowas heute noch gibt! Mitten in Deutschland! Das is ja supergeil! Auf sowas stehen die Leute! Mittelalter mitten unter uns. Bayerwald, uralte Bauernhäuser ohne Stromanschluss! Das isses!
Mike:	Cool!
Ödbauer:	An Stromanschluss hamma scho, owa koan Strom. Den hammsma zwickt, wal i d'Stromrechnung scho drei Monat ned zohlt hob.
Mike:	Geil!
Tscharlie:	Wahnsinn! Das is die neue Armut in Deutschland!
Ödbauer:	Naa, des is de olte Schlamperei in Reinkultur! I hobs mein Boum scho mindestens fünfmol gsagt, dass er des Stromgeld überweisen soll. Owa der Lauser vergisst's jedsmol, wenn er in da Stod is. Mei, de Kinder hamm holt dauernd bloß Blädsinn im Kopf. Anstatt, dassase um oane schaut, gnockta mit seine Kumpln in de Wirtsheiser umananda. Der wenn aso weidadout, nacha bleibtama!
Tscharlie:	Wie alt ist denn Ihr Sohn, wenn ich fragen darf?
Ödbauer:	71 isa, da Fratz! Owa dem konnst du nixe schoffa! A richtigs Fankerl!
Mike:	Ich versteh' kein Wort, aber es hört sich gut an! Ich film einfach weiter!
Tscharlie:	Also, Herr Ödbauer, kommen wir zu den Weihnachtsbräuchen! Da gab es ja allerhand früher.

Ödbauer:	Jaja, allerhand hods do gem! Apropos: Gibts de Gage in bar?
Tscharlie:	Ja, in bar. Sie bekommen von mir 500 Euro unmittelbar nach unserem Gespräch, wie vereinbart.
Ödbauer:	Des passt! Dann konn i meiner Enkelin a schejns Weihnachtsgschenk mocha!
Tscharlie:	Wie heißt denn die Kleine?
Ödbauer:	Waltraud Dolores!
Mike:	Ey, Waltraud Dolores! Das is ja voll schräg!
Ödbauer:	Wos sagta?
Tscharlie:	Ach, unwichtig! Und was wünscht sich die Waltraud Dolores? Eine neue Puppe?
Ödbauer:	Naa, an neia Busn! Und de 500 Euro, de zohl ihr i dazou. Obwohl i gsagt hob, dass des eigentlich a Schmarrn is. Ejtza hod da olte Busn 34 Johr gholtn und hod alls passt, dann kanntma doch sogn: Der Busn hodse bewährt, den pfolte! Owa naa, sie braucht an neia! Mei, aso sans holt, de Kinder! Vo mir aus. I hob bloß gsagt, dass i den neia Busn seng möcht, wenn er installiert is. Wal i möcht scho wissen, wou mei Göld bleibt!
Tscharlie:	Da haben Sie recht! Aber jetzt zu den Weihnachtsbräuchen! Erzählen Sie mal, was war ein typischer Weihnachtsbrauch in Ihrer Kindheit?
Ödbauer:	Jamei, i sog aso: Do hods allerhand gem, es wor holt a andere Zeit und d'Leit san zfriedn gwen und hammand ned vül ghod und nacha hodmase zammgsitzt, d'Nachbarn und d'Leit, Fernseh hods koan gem und dann hod da oane des verzühlt und da ander des und dann hod da oane oder da andere a Schnapserl trunka und oi hammand aaf d'Letzt drimmer Reisch ghod, wor a mords a Gaude!
Mike:	Wat? Wie jetzt?
Tscharlie:	Äh, Herr Ödbauer, das habe ich jetzt nicht so direkt verstanden. Und ich fürchte fast, für unsere Zuschauer war es auch etwas zu schnell und vor allen

	Dingen auch zu sehr dialektmäßig angehaucht. Vielleicht könnten Sie den Brauch, den Sie eben geschildert haben, in einem prägnanten Satz nochmal kurz zusammenfassen!
Ödbauer:	Is recht! Also: Mir haben uns zammgesetzt und es war recht lustig. Seinerzeit!
Tscharlie:	Ah ja! Sehr originell!
Mike:	Ihr wart ja so richtig gut drauf damals!
Ödbauer:	Hähähä! Er wieder! Du bistma scho oana, Meik, des sogada!
Tscharlie:	Äh, Herr Ödbauer, hätten Sie vielleicht einen typischen Brauch für uns, was den Heiligen Abend betrifft? So richtig weihnachtlich, Sie wissen schon!
Ödbauer:	Jaso! Haale Omd moinst! Ja frale woaß i do ebbs! Also, des wor aso: Mir Kinder hamma ja nix seng derfa vom Christkindl und d'Muada hod gsagt, wenns soweit gwen is „gehts zum Schlittnfohrn" und scho samma furt und wenn koa Schnee glegn is, nacha samma holt aso a weng umanandagrennt owa meistns wor a Schnee, des worn holt no Winter mei liawa, do hods gwaaht und wejma nacha hoamkemma san, wors scho a weng finster und dann wor glei d'Bescherung, owa gem hods eh kaam ebbs, amol wollerne Handscha oder a Zipflhaum, a Hosn wor scho ganz wos bsonders geschweige denn a Fohrradl, owa do hodmase über kloane Sachern aa no gfreit, heit sans dodal verzogn, mir wennst ned gangst!
Mike:	Du Tscharlie, sei mir nich' böse, aber ich glaube, das können wir nicht senden! Das checkt kein Schwein, was der hier ablässt!
Ödbauer:	Wos sagta?
Tscharlie:	Er meint, dass Sie tolle Bräuche hatten damals!
Ödbauer:	Jaja, es wor a scheene Zeit!
Tscharlie	*Zu Mike:* Machen wir noch einen Versuch! Wenns wieder nicht klappt, filmen wir die Hütte von

	draußen und machen einen Beitrag ohne Worte, nur mit weihnachtlicher Musik und Schnee und so.
Mike:	Alles roger! Kamera läuft!
Tscharlie:	Herr Ödbauer, das war ja schon sehr interessant. Aber in Bayern, gerade hier in Ihrer Heimat im Wald, da gab es ja früher die Raunächte!
Ödbauern:	Omei, ja!
Tscharlie:	Genau! Finstere Gestalten, Sturmgebraus et cetera. Können Sie uns hierüber etwas berichten? Aus erster Hand quasi?
Ödbauer:	Omei, de Raunächt'! Omei, de Raunächt'! *Reißt angstvoll die Augen auf.* Des, des worn ganz bsondere Nächt'! Uiuiuiui! Sowos wia a Raunacht, des is scho a ganz a scheidsame Nacht! Mir wennst ned gangst!
Mike:	Du Tscharlie, das hat null Sinn! Den versteht keiner. Da könntest du statt diesem Ötzi genau so gut einen Chinesen interviewen.
Tscharlie:	Jetzt wart mal ab, Mike! Ich glaube, er kommt langsam in Stimmung! Wir könnten ihn ja dann nur in Aktion bringen, ohne Ton. Also, Herr Ödbauer, wie war das konkret in den Raunächten? Erzählen Sie!
Ödbauer	*Geheimnisvoll:* Ja, des wor aso, dassma gsagt hod: „Hä! Heit is Raunacht!" Des hod oana zum andern gsagt. Aso wor des. Zum Fürchtn! Owa walma grod beim Fürchtn san. Amol, omei, jetza folltsma wieder ei, omei, do derf i gor ned dro denka, amol is wos passiert! Des vergiß i nie, solang i leb!
Tscharlie:	Erzählen Sie, Herr Ödbauer! Mike, halt voll drauf, jetzt wirds spannend! Erzählen Sie, Herr Ödbauer, was ist passiert? What happened?
Ödbauer:	Amol hob i beim Schofkopf an Solo mit fünf Ober verlorn! Laffade!
Tscharlie:	Ja, aber, was hat das mit den Raunächten zu tun?
Ödbauer:	Nix, owa des vergiß i nie! Solang i leb! De andern drei, de wos gwunga ham, san eh scho gstorm.

100

Mike:	Tscharlie, ich glaube, das wars! Wir machen stille Winterimpressionen aus dem Bayerwald.
Tscharlie:	Würde ich auch sagen. Also, Herr Ödbauer, ich bedanke mich für das Gespräch und wünsche Ihnen ein frohes Fest!
Ödbauer:	Hods passt?
Mike:	Erste Sahne! Die Kamera liebt Sie! Sie kommen voll gut rüber!
Ödbauer	*Zu Tscharlie:* A patenter Kerl, da Meik! Ah, 500 Euro daad i no krejgn!
Tscharlie:	Ach so, ja, Moment …, so, da haben wir die Knete, bitteschön! Wenn Sie mir hier quittieren! *Gibt dem Ödbauern 500 Euro.*
Ödbauer:	An sakrischn Dank!
Tscharlie:	Also dann: Tschüss, Herr Ödbauer!
Mike:	See you, Ödi!
Ödbauer:	Pfüat eich! Bleibts gsund, all zwoa!

Tscharlie und Mike verlassen die finstere Kammer und schließen die Tür. Der Ödbauer bleibt alleine zurück.

Ödbauer	*Ruft ins Hausinnere:* Hä, Erna, lassma'n Whirlpool ei! I muaß jetza a weng relaxen. Do herausn in da Abstellkammer holst dir ja aaf Dauer's Rheimatische. Obwohls ansonsten a guade Location is. De zwoa ham eh lang ausgholtn!
Erna	*Aus der Ferne:* Wos hosten desmol kriagt?
Ödbauer:	500 Euro!
Erna:	Koa schlechter Stundenlohn!
Ödbauer:	Des konnst laut sogn! Du, i kimm glei eine. I telefonier bloß no schnell zum Wirt owe ins Dorf, dass er gern wieder Reporter affaschicka konn, wenn oi noch an Original frogn!

Weihnachten im Juli

Dreißig schwüle Grad im Schatten, die Bienen summen, die Klimaanlagen brummen, und ich will mir gerade ein frisches Weißbier aufmachen, weil ich Durst und heute frei habe. Da läutet das Telefon.

Ich habe kein gutes Gefühl, denn wer an einem heißen Julisonntag nachmittags um zwei Uhr bei mir anruft, der führt nichts Gutes im Schilde. Und tatsächlich: Es ist mein Verleger!

„Ja grüß Gott, Herr Lauerer! Wie gehts allerweil?"

„Hoaß is!", antworte ich.

„Jaja! Sie, Herr Lauerer, eine Bitte hätt' ich: Wir brauchen unbedingt eine neue Weihnachtsgeschichte von Ihnen. So drei bis vier DIN-A-4-Seiten. Für unseren neuen Prospekt, als Schmankerl quasi, als Appetithappen. Aber eine nigelnagelneue, die darf noch keiner kennen, wir brauchen die exklusiv!"

„Ja, dann miaßert ja i de Gschicht praktisch erst schreim!"

„Vollkommen richtig, Herr Lauerer. Sie müssten die Geschichte schreiben. Setzen Sie sich in aller Ruhe hin und lassen Sie Ihren weihnachtlichen Gedanken freien Lauf! Wir verlassen uns auf Sie!"

„Ja, und wia lang hätt' i do dann Zeit dafür? Weil a Weihnachtsstimmung is momentan natürlich schwierig", merke ich besorgt an.

„Leider sind wir etwas in Zeitdruck, Herr Lauerer. Heute ist Sonntag – wir bräuchten das Manuskript, äh, lassen Sie mich überlegen ... ich würde sagen: Morgen!"

„Wos? Morgn? Ja owa, i hob momentan bloß a Badehosn an!"

„Hahaha! Das mag ich an Ihnen, Herr Lauerer! Ihren trockenen Humor! Hahaha! Bloß eine Badehose! Also Sie sind mir schon einer! Wie gesagt, morgen per Fax! Frohes Schaffen – und immer dran denken: Leise rieselt der Schnee! Hahaha!"

Er hat aufgelegt. Jetzt schwitze ich noch mehr als vorher. Gut, theoretisch könnte ich sagen: „Was solls? Ich bin doch nicht blöd und schreibe bei dreißig Grad eine Weihnachtsgeschichte, bloß weil mein Verleger eine braucht!"

Theoretisch. Praktisch brauche ich eine Weihnachtsgeschichte! Bis morgen! Das heißt, ich muss einen kühlen Kopf bewahren. Was heißt kühl – ich brauche einen kalten Kopf, einen eiskalten! Woher nehmen und nicht stehlen? Die Gefriertruhe! Ich laufe in die Speis' und stecke meinen Kopf in die Gefriertruhe, damit mir winterlich wird. Aber mir wird schlecht. Die Geruchsmischung aus Tiefkühlpizza, gefrorenem Hackfleisch und geschnittenem Lauch in der Tupperware riecht aus der Nähe elend.

Wenigstens schwitze ich nicht mehr, zumindest am Kopf. Es ist ein komisches Gefühl, wenn man auf dem Rücken Schweißperlen spürt und an den Augenbrauen Rauhreif. Aber egal, ich brauche Weihnachtsstimmung, damit mir eine Weihnachtsgeschichte einfällt! Was mache ich im Winter gerne? Genau, Schifahren!

Ich schließe die Gefriertruhe, laufe in den Keller und hole meine Schier mit Stöcken herauf. Diese lege ich auf die Terrasse, damit ich dann beim Schreiben einen Blick darauf werfen kann, um mich zu inspirieren. Meine Kleidung ist auch nicht weihnachtlich! Schnell ziehe ich meinen Schianzug über die Badehose und setze eine Zipfelmütze auf. Schischuhe halte ich für übertrieben, ich bleibe barfuß. Außerdem weiß ich nicht, wohin meine Frau die Schischuhe verräumt hat.

So, optische Weihnachtsstimmung hätten wir, jetzt brauchen wir noch den akustischen Reiz. Ich schleppe den CD-Player aus dem Wohnzimmer auf die Terrasse und lege die CD „Es wird scho glei dumper – a Gsangl vo da staadn Zeit" ein. Nicht gerade mein Musikgeschmack, aber was tut man nicht alles für seinen Verlag.

So, nun noch mein Notizblock, einen Kugelschreiber, und es kann losgehen! Ich sitze da und überlege. Hm, um was soll es in meiner Weihnachtsgeschichte eigentlich gehen? Frust über die Hektik vor dem Fest? Freude über den schönen Christbaum? Ärger der Mutter, weil sie vom Vater immer nur Bargeld bekommt?

Hm, schwierig, schwierig! Irgendwie fehlt mir noch etwas zur Weihnachtsstimmung. Etwas typisches! Ich starre auf die roten Terrassenfliesen, über die ein paar erschöpfte Ameisen krabbeln, da fällt es mir schlagartig ein: Schnee! Schnee fehlt! Aber wo soll ich jetzt Schnee hernehmen? Bei dieser Hitze liegt ja nicht einmal in den Alpen welcher! Moment mal, ich habe doch gerade erst Schnee gesehen! Genau, in der Gefriertruhe! Mein Sohn hat als Erinnerung an den letzten Winter den Kopf seines Schneemannes tiefgefroren.

Ich sah ihn, als ich soeben meinen eigenen Kopf in die Truhe steckte. Ich bin richtig stolz auf meinen Jungen, weil er immer so tolle Ideen hat. Ich hole den Kopf, garniere ihn zur besseren Haltbarkeit mit einigen Eiswürfeln und stelle ihn auf den glühendheißen Terrassenboden. Und zwar so, dass ich Blickkontakt zu ihm habe, zwecks der Stimmung. Einige Ameisen suchen entsetzt das Weite, als sie den adventlichen Hauch spüren.

So, auf gehts!
Ich denke, ich schreibe etwas über den Nikolaus. Ist zwar ein altes Thema, aber immer wieder lustig. Ich könnte zum Beispiel über einen stark kurzsichtigen Nikolaus berichten, der die Geschenke verwechselt, weil er so schlecht sieht. Dem achtjährigen Sohn gibt er eine Flasche Eierlikör und der Oma einen Gameboy. Der Opa erhält einen Schnellkochtopf und die Mama eine Schachtel Zigarren. Hm, ist das wirklich lustig? Oder nur blöd? Bringt der Nikolaus überhaupt Zigarren oder ist dafür das Christkind zuständig? Ich zweifle. Außerdem merke ich, wie sich unter der Zipfelmütze der Schweiß ansammelt. Ich reibe mir schnell das Gesicht mit Schnee ab, was den Schneemann ca. ein Viertel seines Kopfes kostet und schiebe mir zur Kühlung vier Eiswürfel unter die Mütze. Aahh, das tut gut! Mich fröstelt und das ist gut so!

Sofort kommt mir eine tolle Idee in den Sinn: Direkt neben die Terrasse hat meine Frau einen Wacholderbusch gepflanzt. Ich hole einige Christbaumkugeln und Lametta vom Dachboden, und schon wird aus dem schmucklosen Wacholder ein wunderbarer Christbaum. Dass sich auf dem Lametta sofort mehrere Wespen niederlassen, ist nicht so wichtig.

Gerade, als ich die Überschrift „Der kurzsichtige Nikolaus" schreiben will, erscheint im angrenzenden Garten mein Nachbar mit seinem kleinen Sohn. Als er mich erblickt und die weihnachtlichen Weisen aus dem CD-Player vernimmt – eine waldlerische Hackbrettformation gibt gerade „Es ist ein Ros' entsprungen" zum Besten –, reibt er sich kurz die Augen, um mich dann besorgt zu fragen: „Alles in Ordnung, Toni?"

„Jaja Sepp, alles klar! I schreib bloß a Weihnachtsgschicht!"

Der Nachbarssohn starrt mit offenem Mund abwechselnd auf meinen Schianzug, den halb geschmolzenen Kopf zu meinen Füßen und den festlich geschmückten Wacholder. Sogar das obligatorische Bohren in der Nase hat er für einen kurzen Moment vergessen. Als er sich halbwegs gefangen hat, fragt er mich: „Herr Lauerer, bist du krank?"

„Nein", antworte ich, obwohl ich wegen der Eiswürfel auf meinem Kopf ein seltsames Gefühl habe.

„Herr Lauerer, was machst du mit de Schi?", bleibt das Kind hartnäckig.

„Nix, de san bloß wega da Stimmung!"

Das kapiert er nicht, und deshalb trollt er sich, ebenso wie sein kopfschüttelnder Vater. Ich fürchte fast, ich habe bei den beiden einen wirren Eindruck hinterlassen. Womöglich zweifeln sie an meinem Verstand, vor allem der Vater! Wer hat schon gerne einen Irren als Nachbar!

Aber es hilft alles nichts, ich brauche eine Weihnachtsgeschichte! Und zwar schnell, weil wenn der Kopf des Schneemannes vollständig geschmolzen ist, lässt meine Weihnachtsstimmung bestimmt deutlich nach. Also: „Der kurzsichtige Nikolaus". Was könnte dem alles passieren? Er könnte seine Brille vergessen haben, im goldenen Buch nichts lesen können und sich zum Gespött der Kinder machen. Oder er könnte die Klingeln verwechseln und bei einem Callgirl läuten. Nicht schlecht, aber man muss vorsichtig sein wegen der minderjährigen Leser. Im Dezember hätte ich so eine Geschichte in Nullkommanix fertig, aber jetzt, im Juli! Von fern zieht der Geruch von Grillfleisch in meine Nase, und ich höre Kinder im Wasser plantschen. Solche Ablenkungen muss ich jetzt ignorieren, sonst ist alles vorbei! Weil wenn ich jetzt Appetit auf Gegrilltes bekomme, dann ist die Winterstimmung beim Teufel. Gegen ein gegrilltes Wammerl hat ein kurzsichtiger Nikolaus keine Chance! Ich konzentriere mich auf den schon sehr wässrigen Schneekopf, als ich plötzlich niesen muss. Habe ich mir etwa eine Erkältung eingefangen, obwohl ich mit dem Schianzug eigentlich sehr warm angezogen bin? Oder sind es die Eiswürfel unter der Haube? Nein, ich glaube, es ist nur der Heuschnupfen. Oder doch eine Grippe? Tausend Gedanken gehen mir durch den kalten Kopf. Schreibt man Grippe mit „G" oder mit „K"? Zu allem Überfluss hat meine Frau ihren Mittagsschlaf beendet und kommt auf die Terrasse, weil sie mich im Haus nicht gefunden hat. Sie blickt kurz auf den Wacholder, auf meine Schi, meinen Schianzug und meine Zipfelmütze.

Dann stellt sie mir die dezente Frage: „Hostas du nimmer alle?"

„Worum?", frage ich zurück.

Erst jetzt sieht sie das Häuflein Schnee auf dem Boden, garniert mit einigen erfrorenen Ameisen, und beantwortet ihre Frage gleich selber: „Du spinnst doch komplett!" Ich will ihr gerade die Beweggründe meines Tuns erläutern, als mir bewusst wird, dass ich das Bewusstsein verliere. Mein Hirn ist eingefroren. Sanft gleite ich vom Terrassenstuhl. Das letzte Geräusch, an das ich mich erinnere, ist das Scheppern der Eiswürfel, die aus meiner Zipfelmütze auf das Pflaster fallen.

Der herbeigerufene Arzt stellt eine starke Unterkühlung im Kopfbereich, verbunden mit einem Sonnenbrand im Gesicht und eine Überhitzung des Körpers durch das Tragen eines Schianzuges bei dreißig Grad im Schatten fest. Auf Bitten meiner Frau sieht er von einer Überweisung zur psychiatrischen Begutachtung ab.

In der darauffolgenden Nacht habe ich wegen häufiger Nies- und Hustenattacken, verbunden mit Schweißausbrüchen und Fröstelanfällen, sehr schlecht geschlafen. Auch in den kurzen Schlafphasen fand ich keine Erquickung, da ich von schlimmen Albträumen geplagt wurde. Ich sah mich in einer riesigen Gefriertruhe sitzen, nur mit Badehose und Zipfelmütze bekleidet, und ein kurzsichtiger Schneemann ohne Kopf traktierte mich mit einem Wacholderast. Dabei schrie er immer wieder: „Das ist nicht lustig!" In seiner Stimme glaubte ich die meines Nachbarn zu erkennen. Psychisch und physisch schwer angeschlagen wachte ich am nächsten Morgen auf. Mein Pflichtbewusstsein trieb mich an den Schreibtisch und ich versuchte, doch noch eine Weihnachtsgeschichte zu schreiben. Irgendwie habe ich es dann geschafft. Der Titel lautet „Weihnachten im Juli". Hoffentlich ist sie lustig.

In der Christmette

Es ist ein alter und schöner Brauch, dass man am Heiligen Abend nach der Bescherung in die Christmette geht. Wenn der Schnee, falls er liegt, unter den Schuhen knirscht, wenn die Sterne am Himmel blitzen und überall in den Fenstern Lichter brennen und man stapft in einem wohlig warmen Mantel in die Kirche, dann kommt die richtige Weihnachtsstimmung auf. Bei mir käme diese Stimmung übrigens auch daheim auf dem Kanapee auf, aber ich muss traditionell in die Christmette. Dort hat man dann nur friedliche Gedanken und das Herz ist ganz leicht. Meistens wenigstens. Es kann natürlich auch sein, dass die Gedanken, die man hat, weniger friedlich sind und das Herz nicht ganz so leicht. Zum Beispiel, wenn man in der überfüllten Kirche keinen Sitzplatz kriegt. Dann ist es mit der inneren Besinnlichkeit schnell zu Ende. Dann gehen einem eher folgende Gedanken durch den Kopf:

Des is typisch! Des is absolut typisch! Oamol im Johr gehst in d'Kircha und dann muaßt steh! Und wer sitzt? Wer hockt in de Bänk drin wia d'Brozerer? De, de's ganze Johr in d'Kircha rennand! De sitznd doch sowieso jedn Sunnta herin. De kanntn doch an an so an wichtign Dog, wo sogar unseroans in d'Kircha geht, dahoam bleibn. Nacha kannt i bequem sitzn. Owa naa, einarenna miaßns und mir 'n Plotz wegnehma. Und des soll dann christlich sa. Dasse ned loch! Haha!

Owa wos reg i mi aaf? Heit is Weihnachten! Des Fest der Liebe und der Freude. Do regtmase ned aaf. Do gfreitmase und aus!

Obwohl, du duast di hort mitn gfrein, wennst links und rechts eikeilt bist und nix segst. I woaß gor ned, wos'se do vorn am Altar ospült, wal i ned fire seg. Des Weiberts vor mir hod aa no ihra Pelzkappn aaf! De schaut aus wia a russischer Soldot. Hods de nimmer alle? Glaubt de vielleicht, dass ihr do herin d'Luser ogfrert? Des is a katholische Kircha und koa sibirische Blockhüttn!

Mei Wei is ned mitganga, wals dahoam aafraama muaß. Des ganze Zeig vo da Bescherung. Des is sowieso da Wahnsinn.

Z'erst wird als stundenlang eipackt, dann stundenlang auspackt, und aaf d'Letzt wirds Papier weggworfa. I wia des nie begreifa. Mei Wei hod gsagt, i soll für sie mitbetn. Frale, des aa no! I bin froh, wenn i für mi selber zum betn kimm zwischn de ganzn Leit do herin. Wos singens grod? Oh du fröhliche! Dasse ned loch! Do vergeht dir d'Fröhlichkeit, wennst kaam schnaufa konnst vor lauter Leit. Der Mensch hinter mir singt aa. Ja mi host ghaut, sowos vo falsch! Des is koa Gsang, des is a Gotteslästerung! I konn zwar aa ned singa, owa i holt wenigstens mei Maal. Aso konnma im Wirtshaus umanandaplärrn, owa doch ned in da Kircha. Und überhaupt: Wia schmeckt denn der? Des is doch ... des is doch ... ja gibts des aa, der stinkt noch Knoblauch!

Also, des is eine Unverschämtheit! Dahaom d'Wampn mit Knofl vollhaun und dann mit z'Fleiß in d'Christmettn geh und an anständign Christen vo hint histinka. Bei aller Liebe, do hörtse alles aaf! Hoffentlich wird mir ned schlecht. I vertrog den Knoblauchgschmoch ned. Umhaun wennsme duat! Owa dann! Dann zeige'n o, den Hamml. Wega Körperverletzung. Jetza fahlt dann bloß no, dass da Pforrer sagt: „Gebt Euch ein Zeichen des Friedens!" und i muaß dem Bärna d'Händ gebn.

Hoffentlich is des Liadl bold aus, dass der sei Maal zuabringt. Mir is scho ganz schwindlig. Am Heiligen Abend an Knoblauch essn! Soweit samma scho! Koa Wunder is ned, dass mit da Wölt bergab geht, wenn sechane Sittn eireissn. Am Heiligen Abend isstma Pfälzer mit Kraut, notfalls aa a Gans. Wenns gor ned anders geht, aa amol an Fisch. Owa doch koan Knoblauch! Mi daads ned wundern, wenn des a Asylant waar. De essnd nämlich kiloweis Knoblauch. Dog und Nacht, nur Knoblauch. Do gibts praktisch nix anders, Summa wia Winter. Dass de amol an gemischten Braten oder an Guglhupf essn daadn, des konnst vergessn. Nur Knoblauch.

Obwohl, dass des a Asylant is, des is eher unwahrscheinlich, wal de normal ned katholisch san. Und den Text vo „Oh du fröhliche" kannt er aa ned. Im Prinzip is wurscht, wos er is, aaf jedn

Fall hod er koan Anstand ned. Gottseidank is jetza des Liadl aus, dass er sei Bappn zuamocht, bevors mi umhaut.

Mir is eh ned guat. In Bauch rumplts gewaltig. Des is des Sauerkraut. I sogs mein Wei scho Jahre, sie soll des Kraut mindestens a Stund vorher kocha lassn, dass im Bauch ned so aggressiv is. Owa naa, vor lauter Gschenka verpacka hods koa Zeit, dass des Kraut am Ofa stellt. Und wer muaß ausholtn? I! I steh jetza do in da Kircha herin und bin am Zreißn.

I hob a ganz a bläds Gfühl. Jamei, zum Kraut zwoa Weißbier und danoch acht Moscheripralinen, des hod scho a Gwolt. Und de Zigarrn, wos i zur Abrundung no graucht hob, de wor aa ned ideal. Schuld is mei Bua, wal der hod mir a Kistl Zigarrn zu Weihnachtn gschenkt.

Eigentlich is ja a feiner Zug vo eam. Er sport sei bisserl Taschengeld, dass er mir Zigarrn kaffa konn. A bravs Kind, i konn mi ned beschwern über eam. Owa mir is trotzdem schlecht. Und dann no vo hint der Knoblauchdampf. Hoffentlich is de Mettn bold aus!

Wos sagta, da Pforrer? „Lasset uns beten!" Ja, i lass eich scho, owa bitte a weng schneller. I holt des nimmer lang aus.

Jetza muaß i mi wieder a weng bsinna. Immerhin is Weihnachten. Wieder a Johr vorbei. Unvorstellbar, wia de Zeit abhaut. Kaam is da Osterhas furt, kimmt scho da Niglo. Des wennma aso bedenkt, dann is a Johr dodal kurz. Owa a Stund konn verdammt lang sa, wenns hinter dir noch Knoblauch stinkt.

Jetza hoda gniast, der Gloifl! Des derf doch ned wohr sa. Richtig „hatschi", dassna grissn hod. I gspür, dass mei Hols ganz feicht is. Des san Milliarden Bazülln, de wos jetza an mir dranpickand. I bin bestimmt dodal verseucht. Normal miaßad i mi umdraahn und eam sofort oane schmiern, wal dann waars Affekt. Owa jetza in da Christmettn schauert des ned guat aus. Im Endeffekt waar i da Blamierte. I kanntna höchstens ganz bös' oschaun, dassa daschrickt. Owa des is mir aa z'bläd.

Mensch Meier, wia konnma bloß so rücksichtslos sa! Wennma an Katarrh hod, nacha bleibtma holt dahoam und nimmt an Melissngeist und a Wärmflaschn und geht ins Bett. Owa naa, er muaß in d'Kircha renna und anständige Leit hinterrucks oniasn. Wahrscheinlich hods eam no a boor Brockan Knoblauch mit ausaghaut.

I versteh vo dera Predigt kein Wort, wal mi der Mensch hinter mir dauernd olenkt mit sein Gfetz. Wos sagta, da Pforrer? Zufriedner solltma alle sa? Omei, do hoda recht, der Mo! Wos is des für a Welt: Jeder wüll mehr und mehr und no mehr! Mir glangerts scho, wenn i gsund bleibert und im Lotto 100 Tausend Euro gwang. Owa ned amol des is mir vergunnt. Dauernd duat mirs Kreiz weh und außer oan Dreier mit Zusatzzahl hob i no nix über zehn Euro gwunga. Und jetza kriag i bestimmt an Schnupfn aa no mit dera Oniaserei.

Owa i muaß mi am Gottesdienst konzentriern, wal wega dem bin i ja eigentlich do. Jetza kimmt des mit dem Frieden. Hoffentlich gibt mir koana d'Händ! I woaß awl ned, wos i do sogn soll. I moin, es is scho recht, wennma in Frieden mitanand lebt, owa wega dem brauch i doch ned an jedn d'Händ schütteln. Wer mir mei Ruah lasst, den lass i aa in Ruah.

Ja, wos is jetza des? Jetza klopft mi der vo hint affe! Der wüll mir d'Händ gebn! Akkrat der! Z'erst vergift er mi mit sein Knoblauchdampf, dann hetzt er seine Bazülln aaf mi und dann sowos. Wos moch i do? Also, in Gotts Nam', wal Weihnachtn is. Nacha draah i mi holt um. Öha, des is mei Chef!

„Ah, … ah … griaß God, … da Ding, da Friede sei mit dir … äh … beziehungsweise mit Eahna praktisch. Alls Guate, aa dahoam scheene Griaß … ja, und a guats neis, vor allen Dingen Gsundheit … hähä, jaja, i richts aus, dankschön. Also nacha! Haha! Alls Guate noml!"

Puh! Guat, dass i eam vorher koane gschmiert hob. Noja, guat, wenn i ehrlich bin, so schlimm is aa wieder ned gwen. Und außerdem is ja Weihnachten!

Früher waren Enkelkinder zufrieden, wenn sie von der Oma zu Weihnachten einen Zehner, wohlgemerkt noch in D-Mark, bekamen oder ein Buch von Astrid Lindgren. Völlig anspruchslose Enkel waren sogar über ein Toni-Lauerer-Buch froh. Heutzutage sind die Ansprüche höher. Aber Omas wollten und wollen für ihre Enkel nur das Beste und nehmen dafür manche Strapazen auf sich, um geeignete Geschenke zu besorgen. Sie begeben sich manchmal sogar in für sie völlig unbekannte Gebiete wie zum Beispiel einen Telefonladen.

A Handy für d'Mandy

Verkäufer: Kann ich Ihnen helfen?
Oma: I schau z'erst a weng!
Verkäufer: Gerne! Sehen Sie sich nur um!
Oma: Jaja. Mei liawa, allerhand Sachen habts do!
Verkäufer: Das kann man wohl sagen! Wir versuchen, alle Wünsche unserer Kunden zu erfüllen und seien sie noch so abgefahren.
Oma: Do schau her! Abgefahren! Wos alls gibt! Jamei, wenn i holt wissert, wos i will.
Verkäufer: Dann kann ich Ihnen vielleicht doch helfen. An was hätten Sie denn gedacht?
Oma: Es soll a Gschenk wern. A Christkindl!
Verkäufer: Aha! Ein Telekommunikationsgeschenk! Wohl für den Herrn Gatten: Ein Fax für den Max! Hahaha! War ein kleiner Scherz!
Oma: Naa, a Handy für d'Mandy!
Verkäufer: Wie?
Oma: Es is für mei Enkelin, d'Mandy. Sie wünschtse aaf Weihnachtn a Handy. Und i hob gsagt, des kaaf ihr i, weils wurscht is. I bin 72 Johr olt und hob alles und mitnehma konn i aa nix, oder?
Verkäufer: Wie recht Sie doch haben! Das letzte Hemd hat keine Taschen!

Oma:	Owa genau! Und drum kaaf i da Mandy a Handy.
Verkäufer:	Sehr schön! Karte oder Vertrag?
Oma:	Naa, a Handy!
Verkäufer:	Schon klar. Ich meine nur, ob Sie ein Kartenhandy möchten oder ein Vertragshandy.
Oma:	Also, d'Mandy hod gsagt, pink waar ihr am liabstn.
Verkäufer:	Die Farbe ist kein Problem. An farbigen Hüllen haben wir alles da. Ich glaube, ich muss Ihnen das kurz erklären: Für ein Kartenhandy können Sie eine aufgeladene Karte kaufen mit einem bestimmten Guthaben, und wenn das Guthaben aufgebraucht ist, können Sie wieder eine neue Karte kaufen. Bei einem Vertragshandy binden Sie sich für einen bestimmten Zeitraum an einen Anbieter und bekommen eine monatliche Abrechnung der angefallenen Gebühren. In der Regel beträgt die Bindungsfrist 24 Monate.
Oma:	Eigentlich wollt i bloß a Handy. Pink hods gsagt.
Verkäufer:	Schon klar. Ich würde Folgendes vorschlagen: Wenn es ein Geschenk ist, dann sollten Sie großzügig sein. Nehmen Sie Vertragshandy und übernehmen Sie die Gebühren für 12 Monate. Damit machen Sie Ihrer Enkelin eine Riesenfreude, und danach kann sie dann selbst machen, was sie will.
Oma:	Do hamms recht! Aso mochmas. Owa pink!
Verkäufer:	Okay. Dann wäre da noch der Tarif.
Oma:	Also, i hob an Seniorenpass!
Verkäufer:	Gratuliere!
Oma:	I moan bloß wegan Tarif. Bei da Bahn kriag i do allaweil an Sondertarif.
Verkäufer:	Das ist schön für Sie, aber beim Handy-Tarif können wir den Seniorenpass leider nicht berücksichtigen.
Oma:	Schod!
Verkäufer:	Aber egal, wir haben andere tolle Angebote! Zum Beispiel das Sunday-Worldcall-Paket. Das wäre vielleicht etwas für Ihre Enkelin.

Oma:	Waar des pink?
Verkäufer:	Nein, das ist keine Farbe, das ist ein Bonus-Tarif.
Oma:	Aso.
Verkäufer:	Ihre Enkelin könnte damit jeden Sonntag von 14 bis 24 Uhr kostenlos mit dem außereuropäischen Ausland telefonieren. Für eine lächerliche Monatspauschale von fünf Euro!
Oma:	Des waar dann zum Beispiel Österreich.
Verkäufer:	Österreich nicht, denn Österreich ist ja in Europa!
Oma:	A geh! Mit Österreich kannts dann ned telefoniern.
Verkäufer:	Schon, aber da würde das Sunday-Worldcall-Paket nicht gelten.
Oma:	Ned?
Verkäufer:	Nein, denn das bezieht sich nur auf Gespräche nach Übersee.
Oma:	Des passt! Do hamma mir a Verwandtschaft!
Verkäufer:	Ach ja? Wo genau, wenn ich fragen darf?
Oma:	Glei vorm Friedhof links. A Cousin von mir mütterlicherseits. Zucker hoda.
Verkäufer:	Wie vor dem Friedhof links? In welchem Land denn?
Oma:	No, in Deitschland natürlich! Kennen Sie Übersee ned? Übersee am Chiemsee?
Verkäufer:	Ach so, *das* Übersee! Nein, das meinte ich nicht. Ich meinte Überseeländer: Amerika, Afrika, Australien, Japan und so.
Oma:	Do hamma owa koa Verwandschaft ned. Vo uns hod no neamad an Näga oder an Indianer gheirat. Und wos daadma denn mit an Japaner? Den versteht doch kein Mensch ned.
Verkäufer:	Schon klar, ich meinte ja nur. Das Sunday-Worldcall-Paket scheidet also für Sie aus. Aber wir haben ja auch noch andere Schmankerl.
Oma:	Jetza mochma z'erst des mit dem Handy! Danoch iße vielleicht wos. Oans noch'm andern! Z'erst's Handy, dann a Schmankerl, eventuell!

Verkäufer:	Ich meinte ja keine Schmankerl zum essen, sondern Tarifschmankerl. Wie wäre es zum Beispiel mit dem „Happy Afternoon"?
Oma:	No no! Mei Mandy is fei a anständigs Deandl! Mit so Sachen fangma gor ned o!
Verkäufer:	Sie missverstehen mich. Der „Happy Afternoon" ist gerade bei den Kids sehr beliebt. Sie zahlen pauschal sechs Euro pro Monat, und Mandy kann jeden Tag von 14 bis 19 Uhr beliebig lang ins Festnetz telefonieren.
Oma:	Wo is nacha des?
Verkäufer:	Was?
Oma:	Festnetz. Is des ebbs wia Übersee?
Verkäufer:	Nein, Festnetz ist kein Ort, sondern das Telefonnetz an sich.
Oma:	Omei, omei, wos ned alles gibt aaf dera Welt! Konnma denn ned einfach sogn: Wenn des Deandl fünf Minuten telefoniert, daa kost des meinetwegn a Zehnerl und da Kaas is gessn? Muaß denn des sei mit dem Übersee und dem Häbbi After?
Verkäufer:	Aber das wäre ja nur zu Ihrem Vorteil, gute Frau!
Oma:	Also des möcht i scho wissen, wos des für a Vorteil is, wenn mei Enkelin am Sunnta aaf d'Nacht kostenlos an Japaner oruafa konn! Do hod sie nix davo und er aa ned.
Verkäufer:	Das ist schon klar, aber es war ja nur ein Beispiel. Wir können Ihnen auch noch andere sehr günstige Sondertarife anbieten.
Oma:	A geh!
Verkäufer:	Ja! Zum Beispiel den „Super-City-Call".
Oma:	Wos isen des für oana?
Verkäufer:	Nehmen wir an, Ihre Enkelin hat eine gute Freundin in München. Und Sie wissen ja, wie das so ist bei guten Freundinnen: Da wird stundenlang gequatscht. Über Gott und die Welt.
Oma:	Do hamms recht! Des woaß i vo meiner bestn Frein-

115

din, vo da Hedwig. Mei, mir zwoa! Do wennma amol im Ratschn is, dann redma über alles: Über d'Männer, über d'Kinder, über d'Enkel, über d'Krampfodern!

Verkäufer: Na sehen Sie! Dann wissen Sie ja, wie das ist.

Oma: Owa jetza hamma scho zwoa Johr nimmer gred mitananda.

Verkäufer: Oh, das ist aber schade. Gab es Streit?

Oma: Naa, a Beerdigung. D'Hedwig is gstorm letzts Johr!

Verkäufer: Ach du Schreck! Das ist natürlich schade.

Oma: Jamei, es hilft nix.

Verkäufer: Kopf hoch! Auf jeden Fall wäre der „Super-City-Call" empfehlenswert für ein junges Mädchen wie Ihre Enkelin. Sie könnte mit einer Stadt ihrer Wahl zum Ortstarif telefonieren, egal, wie weit diese Stadt entfernt ist. In welcher Stadt hat sie denn eine Freundin?

Oma: Des is ja des Problem. Sie hod bloß oa Freindin und de wohnt bloß zwoa Heiser weiter. Do konns praktisch umeschrein.

Verkäufer: Ja gut, aber Sie haben doch bestimmt Verwandte, die weiter entfernt wohnen. Die könnten Sie bzw. Ihre Enkelin dann günstig anrufen.

Oma: Mei, wann ruaftma scho Verwandte o? Wenn ebba heirat oder wenn ebba stirbt. Und so oft is des aa ned da Fall, dass se do a Tarif rentiern daad.

Verkäufer: Okay, wenn Sie das so sehen. Ich sehe schon, Sie brauchen keinen Sondertarif.

Oma: I sowieso ned. I brauch aa koa Handy. D'Mandy will a Handy. Sie, wissns wos: I schick Eahna morgn d'Mandy vorbei und de solle wos aussuacha und i zohls dann. Dann is zwar nimmer direkt a Überraschung, owa i kenn mi einfach ned aus mit dem Zeich.

Verkäufer: Da brauchen Sie sich nichts denken, gute Frau. Die Technik entwickelt sich einfach rasend schnell.

Wenn ich daran denke, was man vor drei Jahren mit einem Handy machen konnte und was man heute machen kann: Wahnsinn!

Oma: Des glaub i aafs erste Mol. Und drum schick i Eahna d'Mandy vorbei.

Verkäufer: Genau! Dann kann ich die Details mit der jungen Dame selbst besprechen. Wissen Sie, es gibt ja da noch einige Möglichkeiten! Zum Beispiel, ob das Handy mehr für SMS oder für MMS benötigt wird.

Oma: Mehr für Weihnachten! Pfüat Gott!

Weihnachtsgespräch an der Theke

Sepp: Omei Kare, es is a Kreiz!

Kare: Owa ehrlich!

Sepp: In sechs Dog is scho wieder Weihnachten!

Kare: Des wenn scho ume waar!

Sepp: Des konnst laut sogn! Alle Johr's gleiche Gfetz. Do kaffst de Kinder drümmer Gschenka und dann? Dann mochands a Gsicht!

Kare: Genau! Bei mir dahoam is grod aso. De san mit nix z'friedn. Normal sollterst eahna gor nix schenka, dann kanntns a Gsicht mocha!

Sepp: Meine Meinung! Dann hättns wenigstens an Grund dafür. Owa de mochand aso und aso a Gsicht. Ohne Grund mochand de a Gsicht!

Kare: I wenns scho seg, dann glangtsma scho. Wia konnma bloß aso a Gsicht mocha? I Depp kaaf für'n Buam letzts Johr a Radl mit 21 Gäng' und denkma „do wirda schaun!"

Sepp: 21 Gäng'? Ja mi läckst fett! Do wirda gschaut hom!

Kare: Von wegen! A Gsicht hoda gmocht, weils a silbers Radl wor und er wollt a blaus. Soweit samma heit! Als ob d'Forb a Rolle spieln daad! Woaßt, wos i gsagt hob? I hob gsagt: „Bürscherl, wenn des Gsicht da Dank is für des Radl, dann konnst du dir naxts Johr aaf Weihnachten a Gschenk schnitzn! I kaaf dir nixe mehr. I nimmer!"

Sepp: Und? Wos hoda gsagt?

Kare: Grod no, dass eam a „danke, Papa" aussadruckt hod, sei schlechts Gwissn. Owa des war nicht ehrlich, des hob i kennt an sein Gsicht.

Sepp: Mi wundert nix mehr. De Kinder san heitzudogs völlig verzogn.

Kare: Des kimmt vo dem Fernseh'! Do sengs ja den ganzn Dog nix anders. Vorigs Mol hamms bei da Talkshow vo dera

Wamperten des Thema ghod „Mein Vater ist eine Null".
Ja, isen des a Thema? Wo soll denn des no hiführn?

Sepp: Des sollse mei Herr Sohn amol erlaum und sogn, dass i a Null bin! Stell' dir des amol vor: Du schaust Fernseh' und dann segst dei eigen Fleisch und Blut und des sagt: „Mein Vater ist eine Null!" Aus waars!

Kare: Dem daad i's Taschengeld radikal kürzn!

Sepp: Und aaf Weihnachten kannt er se vo mir aus aaf d'Bappn affehaun. I daad eam nix mehr kaffa! Owa Kare, unter uns: Mei Frau is ned recht viel anders. Dodal undankbar.

Kare: A geh'?

Sepp: Wenn i dir's sog. Vor drei Johrn schenk i ihr aaf Weihnachten a Dampfbügeleisen. Ein Supergerät! Hod ihr fei nicht passt! Jetza kimmst du!

Kare: Ja, gibts des aa! Wos hod ihr denn dann ned passt?

Sepp: Keine Ahnung! Sie hod ja nix gsagt, bloß a Gsicht hods gmocht. Und zwar a Gsicht, do wo du als leidgeprüfter Mo woaßt: Dera passt wieder wos ned!

Kare: Es gibt keine Dankbarkeit!

Sepp: Du sagst es! Und vor zwoa Johrn hob i sogor a Mikrowelle kafft! Aber: Sie hod wieder a Gsicht gmocht. Andere daadn se gfrein, owa mei Madam mocht a Gsicht!

Kare: Ja, wos sollma denn no alles kaffa, dass de amol zfriedn san?

Sepp: Des hob i mi aa gfragt. Und drum hob i mir letzts Johr aaf Weihnachten denkt: „Jetza isma wurscht, wos des kost, jetza kaffst ihr a Nahmaschin'!"

Kare: Oläck! So großzügig is ned leicht oana!

Sepp: Du erkennst des, owa sie ned! Sie packt de Nahmaschin' aus, i denkma, jetza wirds glei an Jucherzer dua und mir um den Hols folln; und wos passiert? Sie mocht a Gsicht! Eine Nähmaschine um 399 Euro und sie mocht a Gsicht! Woaßt, do denksta dann scho: „Spinn i oder wos?"

Kare: Unvorstellbar! Wos hod ihr denn do ned passt?

Sepp: Des wollt' i aa wissen. Drum howes gfragt, wos des soll. „Angelika", howe gsagt, „wos soll des? I kaaf dir a

Dampfbügeleisen, du mochst a Gsicht. I kaaf dir a Mikro-
welle, du mochst a Gsicht. I kaaf dir a Nahmaschin mit
sechs Johr Garantie, du mochst scho wieder a Gsicht. Ja,
wos soll i denn dir aaf Weihnachten schenka, dass du koa
Gsicht ned mochst?" Woaßt, do bin i radikal, des will i
dann wissen!

Kare: Und? Wos hods gsagt?

Sepp: Sie hod gsagt, Weihnachten is ein Fest der Herzen und
koa Haushaltswarenausstellung ned.

Kare: Aso a Schmarrn!

Sepp: Jamei, Weiber san aso. Aaf jeden Fall hod sie gsagt, sie
möcht ned dauernd wos für'n Haushalt, sondern wos
fürs Herz. Und drum hob i ihr heier wos fürs Herz kafft.

Kare: Wos'n nacha?

Sepp: A Blutdruckmeßgerät!

Ein alljährlich wiederkehrendes Ereignis in vielen Vereinen ist die kurz vor Weihnachten stattfindende Christbaumversteigerung. Viele begehrte und auch manche weniger gefragte Artikel werden zu Gunsten der Vereinskasse unter den Anwesenden versteigert. Den Höhepunkt bildet zu später Stunde die Versteigerung des Christbaumes, der bereits geschmückt bereitsteht. Da kann es schon mal passieren, dass ein bierseliger Vereinsbruder für ein zaundürres, windschiefes Gewächs einen Hunderter hinblättert, obwohl er zu Hause bereits einen viel schöneren Baum stehen hat. Er und der armselige Christbaum müssen sich dann bei der Heimkehr einige nicht sehr weihnachtliche Gedanken seiner Angetrauten anhören. Horchen wir mal hinein in eine typische Versteigerung! Zum Ersten, zum Zweiten

Und zum Dritten!

Vorstand:	So, werte Ehrengäste, liebe Vereinskameradinnen und Vereinskameraden! Nachdem wir den besinnlichen Teil unserer Weihnachtsfeier mit dem Gedicht „Ei, was duftet da so fein?" begonnen und dann mit dem Lied „Es wird scho glei dumper" abgeschlossen haben ...
Moser:	Zeit is worn!
Vorstand:	Bi du staad, Moser! Also, ich bedanke mich nochmals bei den Geschwistern Alois und Annamirl Krzyczinski für die Begleitung auf dem Hackbrett – guat habtses gmacht – und nun kommen wir zur traditionellen Christbaumversteigerung.
Moser:	Zeit is worn!
Vogl	*Genervt:* Bi holt amol staad, Moser!
Moser	*Erzürnt:* Vo dir lass' i mir den Mund nicht verbieten, Vogl! Von dir nicht! Bloß dassdas woaßt!
Vogl:	Ach, dua doch, wos'd magst, Blädl, gschroamaulerter!

Moser:	Glei kimm i dir ume, dann strafft di wos, Vogl!
Vorstand:	Jetza gebts holt a Ruah, es is doch Weihnachten! Also, Vogl und Moser: Vertragts eich! Alles klar?
Vogl	*Grinsend zu Moser:* Depp!
Moser	*Grinsend zu Vogl:* Gleichfalls!
Vorstand:	Also nacha, dann waar des geklärt. Mit a bisserl an guatn Willen gehts doch! Dann kemma praktisch zur Versteigerung. Unsere einheimische Geschäftswelt und auch unsere Mitglieder haben wieder tolle Artikel gestiftet, teilweise sogar Wertgegenstände. Lebensmittel san dabei, Textilien und aa wos zum Essn. Dafür ein herzliches „Vergelts Gott!" Gebts eich an Ruck und steigerts gscheit, weil da Erlös is für an gemeinnützigen Zweck, nämlich's Klo vom Vereinsheim muaß nei gfliest wern.
Moser:	Zeit is worn!
Vorstand:	Ja sog amol Moser, konnst du außer „Zeit is worn" wos anders aa sogn?
Moser:	Naa!
Vorstand:	Okay, dann is alles klar. So, die Versteigerung wird wie schon in den letzten 43 Jahren unser bewährter Sepp Riebler durchführen. I daad sogn, des is an Applaus wert. Sepp, kimm vira zu mir!

Unter dem Applaus der Anwesenden begibt sich Versteigerer Sepp Riebler nach vorne, in der Hand einen tönernen Bierkrug.

Riebler:	So, packmas wieder!
Vorstand:	Und dei Bier host aa dabei, Sepp! Ohne Bier geht nix, gell? Hähähä!
Riebler:	Es is a Kamillntee drin wega da Stimm'!
Vorstand:	Aso. Ja guat, dann greifma o. Wia olt bist du jetza, Sepp?
Riebler:	I bin bereits 72 Johr olt. Wenns dumm geht, wire no älter!
Vorstand:	Hähähä! Jawoll, aso kennman, unsern Sepp! Allaweil lustig und ventil! Und 43 Johr mochst uns du

jetza scho ununterbrochen de Versteigerung. Hut ab, Sepp!

Riebler: Eigentlich sans bloß 42 Johr. Weil 1979, wias damals bei mir dahoam brennt hod, do hob i doch de Versteigerung abbrocha und bin hoam. Weil i hobma denkt, wenns dahoam brennt, dann is fast gscheida, man is persönlich anwesend.

Vorstand: Do is wos dran! Owa i daad sogn, bevor dassma ins Ratschn kemma: Sepp, greif o! *Setzt sich und überläßt Sepp Riebler die mit Versteigerungsartikeln vollgestellte Bühne.*

Moser: Zeit is worn!

Riebler: So Leit, auf gehts! Fangma o, dassma firte wern. Do hamma z'erst amol a bisserl wos Besinnliches, nämlich einen Ring Fleischwurscht. Was wird geboten?

Wenzl: Drei Mark!

Riebler: Mir hamma fei scho lang Euro, Wenzl!

Wenzl: Drei Euro! Is o wurscht.

Riebler: Genau, des hörtse scho besser o! Also, drei Euro san geboten. Wer bietet mehr? *Stille.* Wos? Koaner mehr? Für de wunderbare Wurscht? Drei Euro, des is doch gschenkt! Also: Drei Euro hod da Wenzl Kare geboten. Drei Euro zum Ersten …

Vogl: Drei Euro zehn!

Vorstand: Spinnst du, Vogl? Mit Zehnerln fangma gor ned o! Es muaß mindestens jeweils um a Fuchzgerl erhöht wern.

Vogl: Nacha konnsta dei Wurscht selber fressn!

Bürgerm.: Fünf Euro soge!

Riebler: Jawoll! Segstas Vogl, des san Leit! Fünf Euro hod da Herr Bürgermeister geboten! Und du kaamst mit an Zehnerl daher!

Vogl: Der konn leicht fünf Euro bieten, der hods ja!

Riebler: Ja, is scho recht. Fünf Euro zum Ersten, zum Zweiten … koaner mehr? Und fünf Euro zuuum Dritten! Ein Ring Fleischwurscht für den Bürgermeister. Gratuliere, an guatn!

Bürgerm.: Dankschön! De essma glei, Manner! Herr Pfarrer, mings aa a Stückerl?

Pfarrer *Mahnend:* Heute ist Freitag!

Bürgerm. *Sieht auf die Uhr:* Owa nimmer lang! An guatn!

Riebler: Lassts eich schmecka! Und Herr Pfarrer: Wega einer Fleischwurscht is no koaner in d'Höll kemma! So, dann kemma zum nächsten Artikel – ein Einkaufsgutschein vom Lebensmittelgeschäft Wurzer im Wert von 25 Euro. Was ist geboten?

Eder: An Zehner!

Vorstand: Wos an Zehner? Spinnst du, Eder? Du konnst doch ned an Zehner bieten, wenn aaf dem Gutschein 25 Euro omsteht! Des steht doch in koaner Relativierung zum Wert!

Eder: Dann sog i an Fünfer!

Vorstand *Kopfschüttelnd:* Unmöglich, der Eder!

Riebler: Also, wos sagst jetza, Eder? An Zehner oder an Fünfer?

Eder: Äh ...

Vorstand: Ich biete 25 Euro!

Eder: Nacha konnstna pfoltn!

Riebler: 25 Euro san geboten vom ersten Vorstand. Wer bietet mehr?

Wurzer: 30 Euro!

Riebler: Alle Ehre! 30 Euro vom Wurzer für sein Einkaufsgutschein!

Wurzerin: Spinnst du, Alfons? Du konnst doch ned dein eigenen Gutschein steigern!

Wurzer: Des is doch mir wurscht!

Wurzerin: Wiaviel host denn du scho wieder trunka?

Wurzer: Praktisch nix. Zwoa Schnaps und zwoa Weißbier ... oder naa, umkehrt!

Wurzerin: Omei! Kaam trinkt er a Tröpferl, scho wirft er's Geld zum Fenster ausse. Kaafda a Apfelschorle und bi staad!

Wurzer *Kleinlaut:* Wennst moanst. *Zur Bedienung:* Rosi, a Apfelschorle kriage!

Riebler:	30 Euro san geboten vom Wurzer. Bietet jemand mehr? 30 Euro für den herrlichen Gutschein! Er is übrigens wunderbar gestaltet, so mit Kugelschreiber und allem Pipapo. Und er is in an Kuvert drin. Des konnma später no verwenden, des hod aa an gwissn Wert. 30 Euro zum Ersten ...
Vorstand:	31 Euro!
Wurzerin:	Gottseidank!
Wurzer:	Mir waars wurscht gwen!
Riebler:	31 Euro vom Vorstand! I glaub, des is a fairer Preis. 31 Euro zum Ersten, zum Zweiten ... und zum ... und zum ...
Wurzer:	Moment! Stopp!
Wurzerin	*Schockiert:* Bist du narrisch?
Riebler:	Wieviel bietest du, Wurzer?
Wurzer:	Naa, i wollt bloß sogn, dass der Gutschein ein Jahr gültig is, bloß dass des gsagt is.
Riebler:	Alles klar, oa Johr!
Wurzerin:	Moch sowos nie wieder! I hobma denkt, mi trifft da Schlog!
Riebler:	Und zuuum Dritten! Der Gutschein im Wert von 25 Euro geht für 31 Euro an den Vorstand. Sauber, Franz! So, und jetza kimmt zwischendurch a Flaschn Wein. I les amol vor, wos des für oaner is: Ein 2002er Krumberger Blasenspalter, also bestimmt wos guats! Wos is geboten?
Eder:	Is des a siaßer? Weil den sauern Blempl mog i ned!
Riebler	*Betrachtet konzentriert das Etikett:* „Lieblich" steht om.
Eder:	Wos hoaßt lieblich? Isa siaß oder isa sauer?
Riebler:	Frog mi wos leichters. Also, i daad sogn, direkt sauer konn er ned sei, wenn „lieblich" omsteht. Oder, Franz?
Vorstand:	Daad i aa sogn!
Eder:	Ja guat, dann biet' i oan Euro!
Riebler:	Oan Euro bietet der liebliche Eder. Nix für unguat, Eder! Wer bietet mehr? Wem is de Flaschn Wein an Euro fuchzge wert? *Stille.* Koaner Interesse?

Vogl:	Mei, wer soll denn den trinka? Bei uns dahoam trinkt koa Mensch an Alkohol. Mir trinkma bloß Bier.
Vorstand:	Aso schaust aus, Vogl!
Riebler:	Ruhe! Also, oan Euro für'n Eder zum Ersten, zum Zweiten ... koaner mehr wia oan Euro? Für a ganze Flaschn Wein! 0,7 Liter, des is mehra wia a Holbe! Koaner mehr? Guat, dann ... zuuum Dritten! Einmal Blasenspalter an den Eder Fritz! Wohlsein, Fritz, lassda'n schmecka mit deiner lieblichen Frau! Hähähä!
Eder:	Mir wennst ned gangst!
Riebler:	So. Und jetza kimmt ein erster Höhepunkt der Versteigerung. Es geht um ein Wellness-Wochenende für zwei Personen im Hotel „Silent Harmony" in Krampfling. Wer fangt o? *Stille.* Wos? Kein Gebot?
Hauser:	Is do a Essn dabei?
Riebler:	Selbstverständlich, Hauser! Vollpension plus Getränke!
Hauser:	Dann soge hundert Euro!
Riebler:	Einhundert Euro san geboten. Leit, hundert Euro san a Witz für des Wochenende! Do san Massagen dabei, Waldläufe, Meditation, a Jodelkurs und, wia gsagt: Vollpension! Man derf Salat essn, soviel wosma schafft. Und Getränke frei nach Wahl: Mineralwossa, Säfte, Molkedrinks, Kefir.
Hauser:	Moment! Wos sagst du do? Molkedrinks? Salate? Koa Bier? Koa Schweiners?
Riebler:	Naa, nur gsunde Sachen!
Hauser:	Dann ziag i mei Gebot zruck!
Vorstand:	Also Hauser, aso gehts ned! Du konnst ned hundert Euro sogn und dann plötzlich wieder nix. Aso gehts ned!
Hauser:	Ja, owa des war doch eine Täuschung! Z'erst hoaßts „Vollpension" und dann stelltse aussa, dass nix zum essn dabei is. Des is meines Erachtens irreführend!
Riebler:	Mei, wos hoaßt „nix zum essn"? A Solod is zwar ned

	direkt a Essn, owa a Nahrung im weitesten Sinn isa fei scho, Hauser! Des muaßt zuagem.
Hauser:	Im weitesten Sinn vielleicht scho, owa ned in mein Sinn. Naa, i ziag mei Gebot zruck. Und außerdem: Des mit de Getränke is da gleiche Schwindel. Wos soll i mit an Teegschirr, wenn mi dürscht?
Riebler:	Wos für a Teegschirr?
Hauser:	Du host doch gsagt „Molkedrinks und a Teegschirr" gibts.
Riebler:	Naa, ned a Teegschirr, an Kefir!
Hauser:	Des aa no! Des kenn i gor ned! Naa, Riebler, sei mir ned bös', owa sowos konn i ned braucha. Mei Gebot is zruckzogn und aus!
Riebler	*Zum Vorstand:* I glaub, des miaßma akzeptiern, oder? Wenn des Wellnessdings für'n Hauser nix wert is, dann hod des koan Sinn.
Vorstand:	Na guat, in Gotts Nam'! Dann fangma holt nomol vo vorn o.
Hauser:	Daad i aa sogn!
Riebler:	Also, auf ein Neues! Ein Wellness-Wochenende im Hotel „Silent Harmony" in Krampfling! Wos wird geboten?
Vogl:	Wann waar nacha des?
Riebler:	Freie Auswahl. Wenns dir passt, dann fohrst hi. Und, Vogl, versteh' mi ned falsch: Owa schadn daad dir des ned mit deiner Wampn! I moan bloß.
Vogl:	Do host du scho recht, Sepp! Und außerdem hob i ghört, dassma do vo ganz junge Tschechinnen massiert wird. Drum biet' i spontan 80 Euro!
Hauser	*Irritiert:* Vo wem wirdma do massiert, Vogl?
Vogl:	Vo bluatjunge Tschechinnen! Und im Hotel gibts a Sauna, do san de aa allaweil drin!
Hauser:	Dann biet' i 120 Euro!
Riebler:	Owa du host doch grod vor oana Minutn gsagt, dass du dei Gebot zruckziagst!
Vorstand:	Owa ehrlich! Du woaßt nicht, wos du willst!

Hauser:	Jamei, wenns ihr des ned gscheit erklärts! In d'Sauna geh' i immer scho gern!
Eder:	Wos? Du? Do warst doch no nie in da Sauna!
Hauser:	Des ned, owa i waar immer scho gern ganga. Hähähä!
Riebler:	Des is momentan wurscht! Aaf jeden Fall san 120 Euro geboten und zwar vom Hauser. 120 Euro zum Ersten, 120 Euro zum Zweiten und ...
Vogl:	I sog 150 Euro!
Riebler:	Jawoll, aso is recht! 150 Euro is dem Vogl sei Wohlbefinden wert, 150 Euro san geboten! Jemand mehr? *Angespannte Stille.* Koaner? 150 Euro zum Ersten ...
Eder:	Greif o, Hauser! Denk an de Tschechinnen!
Hauser:	Zenalln! 150 Euro is a Haffa Geld! Naa, da Vogl solls nehma, i gib aaf.
Riebler:	Zum Zweiten und 150 Euro zuuum Dritten! Vogl, Reschpekt! I wünsch dir viel Spaß beim Massiern und beim Schwitzen! Do wirdse dei Wei gfrein!
Vogl:	Worum?
Riebler:	Ja, weil des a Wochenende für zwei Personen is!
Vogl:	Glaubst denn du, dass i bläd bin? Do nimm' i mein Schwiegersohn mit und ned mei Wei! *Allgemeines zustimmendes Gelächter bei den anwesenden Herren, empörtes Gemurmel bei den Damen.*
Riebler:	Reschpekt soge! Des is taktisch ned verkehrt!
Vogl:	Eben! Und außerdem is mei Schwiegersohn kulinarisch a weng seltsam. Der gfreitse sogar über an Solod! Owa sunst is er ned zwider.
Riebler:	Wunderbar, dass sowos no gibt in da heitign Zeit! So, des hättma dann!
Moser:	Zeit is worn!
Riebler:	Jetza hob i amol an Kleinartikel. Des is aso a goldernes Bandl, wahrscheinlich für a Gschenk, dassma a Schleiferl umebindn konn. Wos is geboten für des golderne Bandl?
Wurzerin:	Des is koa Bandl, Sepp! Des is a String-Tanga!

Riebler:	Wos is des?
Wurzerin:	A String-Tanga! A Slip für a junge Frau!
Riebler:	A Unterhosn praktisch?
Wurzerin:	Genau!
Riebler:	Ja, owa do fahlt doch da Stoff! Des is ja im Prinzip bloß da Rand.
Vorstand:	Des hodma heit aso. Des is erotisch! Des konn a Mo aa trogn!
Riebler:	Also, i woaß ned. Des schneid' doch überoll ei! Bin i froh, dass i nimmer jung bin! Also, wos is geboten für de Bumpl?
Hauser:	A Bumpl host vielleicht du, Riebler! Des is a String-Tanga! *Gelächter.*
Riebler:	Ja guat, wennst moanst. Wos is geboten für den Schlingtanker? *Stille.* Kein Gebot? Nix? Ned amol a Fuchzgerl? Hod koana a junge Frau dahoam, de wos sowos braucha konn?
Eder:	Schee waars!
Wurzer:	Owa ehrlich!
Wurzerin:	Vorsicht!
Wurzer:	I sog ja bloß!
Hauser:	Vogl, nimmna du, den Tanga! Den konnst dann da Tschechin fürs Massiern schenka! Hähä! Owa du wirst dir holt ned traun!
Vogl	*Trotzig:* Fuchzig Cent san geboten!
Hauser:	Öha!
Vorstand:	Eam schau o!
Riebler:	Ganz guat, Vogl! Des is eine mutige Leistung! Aa wenn dei Frau heit ned dabei is, is des trotzdem mutig! Bietet jemand mehr als a Fuchzgerl? Das ist ned der Fall! Zum Ersten, Zwoaten, Dritten! Vogl, der erotische Hodern ghört dir. Viel Spaß damit!
Vogl:	Wermas seng.
Riebler:	Sodala, weida gehts! Jetza kemma amol zu einem Buach. Und zwar zu dem do. *Betrachtet die Titelseite des Buches intensiv.* Hm. Des is wahrscheinlich a

	Kochbuach für Wildgerichte und Pilze, weil des hoaßt nämlich „Book of Champions". Also vermutlich Rehbock mit Schampions, daad i sogn.
Vorstand:	Naa, Sepp, des is ganz wos anders! Englisch is des! Do sagtma „Buck of Tschämpiens"! Des is a Bildband über Spitzensportler.
Riebler:	Aso! Jamei, Englisch konn i natürlich ned. Also, wos is geboten für de Spitzensportler? *Blättert im Buch.* San wunderbare Fotos drin!
Eder:	Zwoa Euro! Für mein Buam, dass er amol wos lest und ned dauernd Fernseh gafft!
Riebler:	Zwoa Euro vom Eder! Des is ein Angebot, owa des Buach is natürlich scho mehra wert. Weil des hod fei mords ein Gwicht. Guat, es is Englisch, owa bei an Foto is des praktisch wurscht. Des schaut deitsch aa ned anders aus.
Vorstand:	Drei Euro! Für mein Buam!
Eder:	Nix do! Vier Euro! Mei Bua kriagts!
Riebler:	Jawoll, aso mog i des! Vier Euro san geboten für des tolle Buach! Des is aa vom Alter her wos wert, weil do steht „Birmingham, 1971". Des is direkt scho antik! Sogor überwiegend schwarzweiß! Jemand mehr als vier Euro? Ned? Vier Euro zum Ersten, zum Zweiten und vier Euro zuuum Dritten! Eder, scheene Griaß an dein Buam und viel Spaß beim Oschaun!
Eder:	Dankschön!
Riebler:	So Leit, des Buach war jetza wos Kulturelles. Bevor dass mir wieder wos Weihnachtliches versteigern, nämlich 30 Liter Festbier vom Bergbräu, daad i sogn: Mochma amol a kloane Pause, dass i mei Stimm' a weng schona konn. Gibt nix bessers wia an Kamillntee und a Zigarrn! Mir hamma dann no zirka fuchzig Artikel zum versteigern und aaf d'Letzt den prächtigen Christbaam im Wert von mindestens wenn ned mehr. *Gelächter.* Also, es konn scho Mitternacht wern, bisma durch san mit dem ganzn Glump!

Während der Pause spielt uns das Nachwuchs-Gitar-ren-Duo unserer Musikschule, da Luis und da Thorben, zwei Stücke, nämlich „Es tanzt ein Bi-Ba-Butzemann" und „Highway to hell". Guade Unterhaltung!
Applaus.

So, ich würde meinen, das reicht, um einen kleinen Eindruck von der teilweise recht zünftigen Atmosphäre einer Christbaumversteigerung zu bekommen. Die fünfzig Artikel, die noch zu versteigern sind, würden zuviel Zeit und zuviele Seiten in diesem Buch in Anspruch nehmen. Vielleicht schauen wir in einem späteren Buch wieder mal vorbei im Vereinswirtshaus, wenn es heißt: Zum Ersten, zum Zweiten und zuuum Dritten!!

Die Weihnachtskarten

Sie *Aus der Küche:* Hä, Sepp!

Er *Im Wohnzimmer:* Ja!

Sie: Wos duast denn grod?

Er: Fernsehschaun. Schischpringa kimmt!

Sie: Du kanntst de Weihnachtskortn schreim!

Er: Hob i scho! Und furtgschickt aa scho!

Sie: Wos? Dass du vo selber aaf des kemma bist! Des wundert mi fei.

Er *Stolz:* Gell, do schaust!

Sie: I hätt gwett, dass du de Kortn gor ned findst!

Er: I bin doch ned bläd! *Leise:* Glaubt de vielleicht, dass i bläd bin? I werd doch in da Lage sa, ausn Wohnzimmerschrank a boor Kortn zum ausadua, a Briafmarkn draafzumpicka und des ganze Glump aaf d'Post zum trogn. I bin doch ned bläd.

Sie: I hobs extra in Esszimmerschrank eine do. I hätt gwett, dass du im Wohnzimmerschrank nochschaust.

Er *Leise:* Jetza blick i nimmer durch.

Sie: Wos sagst?

Er: Ach, nix!

Sie: Im Wohnzimmerschrank, do san ja bloß de Beileidskortn drin, de wos i aaf Vorrat kafft hob.

Er: Ja mi host ghaut!

Sie: Wos sagst?

Er: Ah ... Gell, do schaust!

Sie: Host an guatn Rutsch aa glei draafgschriem?

Er: Des konnst laut sogn!

Sie: Wos?

Er *Laut:* Des konnst laut sogn!

Sie: Nacha is des Gottseidank aa scho erledigt. Woaßt, aso a Kortn is zwar bloß a kloane Geste, owa es is einfach a Zeichen, dassma Anteil nimmt.

Er: Du glaubst gor ned, wia recht dass du host!

Sie: Eben!

Böser Kare!

Sepp: Seit Wochen suach i scho umanand und gestern hob i endlich des kriagt, wos i gsuacht hob: A Snowboard für mei Frau!

Kare: Koa schlechter Tausch!

Der entlarvte Nikolaus

Kare: Wos bist denn so grantig, Sepp?

Sepp: Allaweil des neimodische Zeig! Seit dreißg Johr geh' i als Nikolaus, jetza kaamad do a Psychologe daher und daad mir sogn, wia i mi als Nikolaus verhaltn soll!

Kare: A Psychologe? Dir? Wia des?

Sepp: Mir samma zu sechst beim Nikolaus-Service. Und heier hamms uns psychologisch gschult, dassma nix verkehrt mocha. Weil de Kinder angeblich eine Psyche hamm.

Kare: Aso a Schmarrn!

Sepp: Der hod null Ahnung, der Psychologe. Woaßt, wos der gsagt hod?

Kare: Wos denn?

Sepp: Der hod gsagt, wenn a Kind Angst zoagt vorm Nikolaus und plärrt, dann is des psychisch bedenklich und dann sollma de Maske owadua, dass se des Kind wieder beruhigt.

Kare: Klingt owa logisch!

Sepp: A Krampf is des! Bei mir hod a Kind gschrian, dann hob i mei Maske owado, dann hods no mehra gschrian.

Weihnachtstränen

Bei uns dahoam gibts an jedem Weihnachten Tränen.
Und zwar wenn d'Sissy heirat und da Winnetou stirbt.

Der Weihnachtseinkauf

Sepp: Hawedere Kare! Kaffst ebba aa no ei für Weihnachten?

Kare: Ja, owa jetza hob i meine Gschenka endlich beianander. I trink no in aller Ruhe an Glühwein, nacha geh' i hoam.

Sepp: I hob no nix kafft. Glaubst, mir follt einfach nix ei!

Kare: Mir normal aa ned, owa heier hob i Glück ghod, weil mei Wei hod gsagt, wos sie mog und mei Enkerl aa.

Sepp: Do duatmase natürlich dann leichter, wenn oan des gsagt wird. Wos hodse denn nacha dei Frau gwünscht?

Kare: Sie hod gsagt, sie braucht dringend wos glänzerts für'n Hols. Weil wennma amol eiglodn san zu an feina Anlass, do wo's nobel zuageht, dann hod sie nix glänzerts für'n Hols, hods gsagt. Und drum hob i ihr an silbernen Schal kafft.

Sepp: Do wird's a Freid hom!

Kare: Des konnst laut sogn! Do bin i wieder da King bei ihr. Und er war sogor im Angebot! 14 Euro neinzge!

Sepp: Ganz guat! Und für's Enkerl, wos host do kafft?

Kare: Für d'Jennifer hob i de CD do kafft. „Die schönsten Marienlieder"!

Sepp: Ja, do schau her! Des möchst ned glauben, dass a Deandl mit 15 Johr für sowos a Interesse hod.

Kare: Ja, mi hods aa gwundert. Owa sie hod selber gsagt, sie möcht unbedingt a CD vo da Madonna!

Es ist der 5. Dezember, abends um 18 Uhr. Gespannte Atmosphäre im Wohnzimmer, denn die Familie, bestehend aus Vater, Mutter und Heinrich, erwartet den

Nikolaus

Eine Kette rasselt an der Haustüre.

Vater:	Oläg! Hein, jetza moane kimmt da Niglo!
Mutter:	Sog holt net immer Hein zu dem Buam! Heinrich hoißta!
Vater:	Oläg Heinrich, jetza moane kimmt da Niglo! Der nimmt di mit! Der duat di in sein Soog eine! Do wirst schaun!
Heinrich:	Der soll ned kema. Der soll draußd bleim, der is böse!
Mutter:	Des host davo! Moch holt dem Kind ned immer sovül Angst!
Vater:	Duade ned owe, Heinrich. Vielleicht nimmta di doch ned mit. Schauma amol. Dass du fei ja dei Jesukindlein konnst!
Heinrich	*Ängstlich:* I m...moin scho, dasses konn. Glaub i.

Der Nikolaus betritt den Raum.

Nikolaus:	Hoho! Hoho! Von drauß vom Walde komm ich hör, ich muss euch sagen, es weihnachtet söhr!
Vater:	Ja, is scho recht, Nikolaus. Fang o. D'Sportschau lafft scho.
Nikolaus:	Wohnt do der kloane Hein?
Mutter:	„Heinrich" hoißta, Nikolaus!
Nikolaus:	Tschuldigung! Wohnt do der kloane Heinrich?
Vater:	Hä! Hein, äh, Heinrich! Sog holt wos. Da Niglo hod di wos gfragt. Bist du dorert oder wos?

Heinrich	*Ängstlich:* J...ja, i w...wohn d...do!
Nikolaus:	Hoho! Bist immer schön brav gwest?
Vater:	Ja, gib holt a Antwort, wennsd gfragt wirst! Bist brav gwen oder ned?
Heinrich:	J...ja, N...Nikolaus, i bin scho brav gwen. Glaub i.
Mutter:	Es geht scho, Nikolaus. Es gibt schlimmere Buam.
Nikolaus:	Und? Konnst wos? Magst du mir wos erzählen?
Heinrich:	Naa!
Vater:	No frale, Hein, äh, Heinrich! Du host doch extra fürn Nikolaus 's Jesukindlein glernt. Jetza sogs amol schön, 's Jesukindlein. Auf gehts!
Heinrich:	Hm ...
Nikolaus:	Hoho, hoho! 's Jesukindlein konnst du, Hein, äh, Heinrich? Sogs amol!
Heinrich:	J...Jesukindlein, k...komm zu m...mir, mach ein gutes Kind ...
Vater:	Ein frommes Kind! Koa gutes! A frommes Kind, hoißt des! Reißde a weng zamm!
Heinrich:	Mach ein f...frommes Kind aus mir. Mein ... mein ...
Vater:	Ja sog amol, Hein, bist du wirklich so bläd? Jetza hammas gestern stundenlang glernt. San eh bloß a poor Zeiln. Ned amol de konnstda mirka. San eh bloß a poor Zeiln!
Mutter:	Des kimmt vo dem vüln Fernsehschaun! Do wernd de Kinder dodal verblödet. Des is erwiesn! Jetza geh', Heinrich, streng di a weng o!
Heinrich:	I konns nimmer, Mama. Derf i wos singa?
Vater:	Nix wird gsunga! Jetza wird bet! Mir hamma uns doch net gestern zwoa Stund highockt, dass du jetza singst!
Nikolaus:	Hoho! No, Heinrich, jetzt sei holt ned so nervös. Sog amol in aller Ruhe 's Jesukindlein! I tu dir doch nix!
Heinrich:	Derf i ned wos singa, Nikolaus? Singa kannt i wos.
Vater:	Nix do! Gsunga wird am Heilign Obnd. An Niko-

	laus wird bet. Des war scho immer aso. Sog dei Jesukindlein, sunst krachts! Fang nomol vo vorn o!
Mutter:	Des kimmt vo dem vüln Fernsehschaun! Do werdns ganz bläd.
Heinrich:	J...Jesukindlein komm zu mir, mach ein frommes Kind aus mir. Mein ... mein ... Derf i ned doch singa?
Vater:	Bet, sunst wia i narrisch!
Mutter:	Streng di doch a bisserl o, Heinrich! Mei Liawa, ab morgn wird nimmer Fernseh gschaut. Do wirst ganz bläd. Und du schaust aa nimmer sovül, Alfons!
Vater:	I? Worum i? Konn i's Jesukindlein ned oder dei Bua?
Mutter:	Aha! Immer wenn er wos ned konn, dann waars mei Bua! Du bist unmöglich!
Vater:	Wals wohr is! Des is doch a Blamasch mit dem Fratzn!
Nikolaus	*Peinlich berührt:* Hoho, hoho! Also, wega mir derf er fei singa a. I muaß des Jesukindlein ned unbedingt hörn.
Vater:	Holt di du do aussa, Niglo. Jetza wird bet und aus!
Nikolaus:	Hoho!
Mutter:	Also, sog amol, Alfons! Wie redst denn du mitn Herrn Nikolaus? Wenn da Herr Nikolaus a Liadl hörn mog, dann soll holt da Heinrich a Liadl singa.
Vater:	Nix do! Es wird ned gsunga! Do konn da Niglo sogn, wos er wüll!
Nikolaus:	Hoho! Noja, i hätt ja bloß gmoint ...
Vater:	Des is mir wurscht! Jetza wird bet! Sog amol, Bua, bist du so bläd oder duast bloß aso? Wennst du's Jesukindlein ned konnst, duat di da Niglo in Soog eine und nimmt di mit, dassdas glei woaßt!
Heinrich	*Sehr weinerlich:* I konns ned, Papa, ehrlich! I hobs vergessn!

Mutter:	Fang nomol o, Heinrich! I hülf dir. Jesukindlein komm zu mir, mach ein ...
Heinrich:	... frommes Kind aus mir. Mein Herz ist klein, kann niemand hinein, als d...du, als du ... als du ... derf i singa?
Nikolaus:	Wennsd magst, Hein, äh, Heinrich, wennsd magst, dann sing!
Vater:	Jetza holt amol du dei Maal, Franz!
Nikolaus:	Hoho, Hoho!
Mutter	*Erschrocken:* Also, Alfons!
Heinrich:	Papa, worum sagst denn du „Franz" zum Nikolaus?
Vater:	Ah ... ah ..., „Franz" hob i gsagt? Do muaßtde vahört hom, Heinrich. Jetza frog ned umanand, bet! Reißde zamm! Des derf doch ned wohr sa. Jetza bin i selber scho ganz bläd.
Heinrich:	Und wenn i „Stille Nacht" singa daad?
Vater:	Des singst am Heilign Obnd! Heit is's Jesukindlein dran. Bet, sunst fangst oane!
Mutter:	Also, Heinrich, konzentrier dich und fang nomol o. I hülf dir. Also, Jesukindlein ...
Heinrich:	... komm zu mir, mach ein frommes Kind aus mir, mein Herz ist klein, kann niemand hinein, als du mein liebes Jesulein. Jesulein komm ..., *(weinerlich)* Jesulein komm ... *(noch weinerlicher)* Jesulein komm ...
Nikolaus:	... mach mich fromm, dass ich in den Hümmel ...
Heinrich:	... komm!
Nikolaus:	Genau! Schau her, du hostas ja kinnt! Schön hostas kinnt!
Vater:	Ja, jetza hostas ja du bet, Nikolaus. Da Heinrich hätts doch betn solln, ned du!
Nikolaus:	Noja, da Nikolaus muaß doch de kloan Kinder a weng hülfa. Gell, Hein?
Mutter:	Heinrich hoißta, Herr Nikolaus!
Nikolaus:	Gell, Heinrich?

Heinrich:	J…ja.
Nikolaus:	So, jetzt host dei Jesukindlein bet …
Vater:	Du hostas bet, Nikolaus! Des paßtma gor ned. Eam hammas glernt und du hostas betn miaßn. Des paßtma gor ned!
Nikolaus:	Noja. Und, Heinrich, magst jetza dei Gschenk?
Heinrich:	Naa!
Nikolaus:	Ned?
Heinrich:	D…doch! Scho!
Nikolaus:	Wos hostda denn nacha gwünscht vom Nikolaus?
Heinrich:	I woaß nimmer.
Mutter:	No, Heinrich, konnst di nimmer erinnern?
Vater:	Ja sog amol, bist du dodal prellt? Seit Wochen liegst uns in de Ohrn mit dein Gschenk, und dann woaßtdas nimmer!
Mutter:	Ab morgn derfst nimmer Fernseh schaun!
Vater:	Genau! Glei sollst nix kriagn. Jetza iwaleg und sogs! Sunst geht da Nikolaus wieder und du kriagst an Dreg. Wennsd ned amol dei Gschenk woaßt, na hätt da Nikolaus glei dahoambleim kinna!
Nikolaus:	Hoho! So, Heinrich, sog amol schön, wos du dir gwünscht host!
Heinrich:	A… a… jetza woaßes wieder: A Zelt! A Zelt wollt i!
Mutter:	Genau! A Zelt! Do bine gspannt, obst oans kriegst.
Nikolaus:	Schauma amol in'n Soog eine, wos i dabei hob. Hoho! Ja, do schau her, a Zelt! Schön zammgfalt. A Zelt. Des is toll, ha, Heinrich? Gfollt dir des?
Heinrich:	I segs o ned, wals zammgfalt is.
Vater:	Frale gfolltsda. Des is genau des, wos du hom wolltst. Des wos du uns im Katalog zoigt host.
Heinrich:	Wia woaßt denn du des? Des is doch zammgfalt!
Vater:	Des is scho des. Da Nikolaus bringt scho's Richtige. Der is doch net dumm. Kimm, gfreide a weng!
Mutter:	No, Heinrich, gfrei de holt iwa dei Zelt!
Heinrich:	Oh, aso a cools Zelt. Genau des, wos i mir gwünscht hob! Wia i mi gfrei! *Wirft die Arme in die Luft.*

Nikolaus:	Hoho! Des gfreit mi, Heinrich, dass di des gfreit. Des konnst im Summer im Gortn aafbaun, und dann tut da Papa mit dir draußn iwanachtn.
Vater:	Dassme d'Muckn recht dastecha. Des konnst vergessn!
Nikolaus:	Noja, jetzt muss z'erst da Summer kemma. I muss jetzt wieder göhen. Andere Kinder wüllnd aa no a Gschenk. Pfüat eich Gott!
Mutter:	Pfiatde Nikolaus!
Vater:	Servus! Sog holt aa wos, Heinrich! Du konnst doch'n Nikolaus net ausseschicka wia an Noan. Sog holt wos!
Heinrich:	Pfiatde Nikolaus. Dankschön für des Zelt!
Nikolaus:	Bittschön! Hoho! Gute Nacht! Bis naxts Johr! Hoho!
Vater:	Des miaßma uns no iwaleng, ob des an Sinn hod, wennsd naxts Johr wieder kimmst. Der Bua konnse nix mirka. Der mocht mi nervlich dodal firte.
Nikolaus:	Noja, schauma amol. Auf Wüdersöhen!
Vater:	Servus Franz!
Heinrich:	Also Papa, du host scho wieder „Franz" zum Nikolaus gsagt!
Mutter:	Mensch, Alfons, reißde holt a weg zamm!
Vater:	Äh … ah … segst, i bin nervlich scho ganz firte. I konnma net amol'n Nikolaus sein Nam mirka.
Heinrich:	Mi schimpfst awl, wal i mir nix mirka konn, und du konnst dir sölber nix mirka!
Vater:	Ach, bi staad! I schau mir jetza d'Sportschau o.

Es gibt Tage, da fällt einem nur Blödsinn ein. An einem solchen Tag habe ich ein Gedicht geschrieben. Es sollte eigentlich besinnlich sein, aber sehen Sie selbst, was daraus geworden ist!

Winterliche Heimkehr

Staad und friedlich liegt da Wold,
im Mondschein glänzt der Schnee wia Gold,
d'Luft is klar und krachert kolt
und's Christkind, des kimmt bold.

Schau – do kimmt a Radl grollt,
da Kruzn Girgl is, da olt!
Er wor im Wirtshaus, wo's eam gfollt,
um zwölfe hodase dann trollt.

„Du Rosi, hob i alles zohlt?"
hod er d'Bedienung gfragt, de eam recht gfollt.
„No freilich", hod sie gsagt ganz hold,
und er hodse sei Radl gholt.

Und grod wia er rechts abbiagn wollt
– wosma bei Glatteis langsam sollt' –
rutscht er weg, er find koan Holt
und wos passiert? Da Girgl follt!

Jetzt liegt er do im Winterwold,
wia scho gsagt, es wor saukolt!
Er schaut recht bläd und schimpft und grollt:
„Zenalln, acht Weißbier hamm a Gwolt!"

Der Nikolaus ist heutzutage nicht mehr nur der gefürchtete Mann, der aus dem goldenen Buch diverse Verfehlungen vorliest und mit der Rute Kinder einschüchtert, um ihnen dann einen Schokoladennikolaus und ein paar Nüsse in die Hand zu drücken. Nein, die Zeiten haben sich geändert! Parallel zum Anspruchsdenken ist auch die Sensibilität der Kinder gewachsen. So muss der Nikolaus psychologisch geschickt vorgehen und, was die Geschenke betrifft, entsprechendes Fachwissen vorweisen. Einen Schokoladennikolaus braucht man nicht zu erklären, einen Farbdrucker beispielsweise schon. Und weil es für alles Seminare gibt, kann ich mir das durchaus auch für angehende Weihnachtsmänner vorstellen. Da sitzen sie nun, sechs Kandidaten, bereits ausgestattet mit Bart und Kostüm, und hören, was man ihnen sagt beim

Nikolaus-Seminar

Leiter: Sehr geehrte Herren, ich darf Sie recht herzlich ...

Frau: Moooment! Was heißt hier „Herren"?

Leiter: Oh, Entschuldigung! Heute haben wir sogar eine Dame dabei! Mit dem Bart und der Kopfbedeckung kann man das kaum erkennen. Schön, dass Sie da sind!

Niko 1:   Ja, wenn des aa geht! A Wei als Niglo! Des hods doch no nie gem! Wia wolln denn Sie „hoho" sogn mit dera Fistelstimm'? Do hod doch koa Kind koan Respekt ned!

Frau: Das lassen Sie nur meine Sorge sein! Ihr Männer glaubt immer, wir Frauen könnten sowas nicht. Ich jedenfalls habe mir vorgenommen, in diese Domäne einzubrechen!

Niko 2:   Wo wills eibrecha?

Niko 1:   Woaß da Deifl! Des is mir ehrlich gsagt aa wurscht. Jetza lus, dassma wos hörn!

Leiter:	Also, wenn ich nun um Ruhe bitten dürfte! Ich darf Sie wie gesagt recht herzlich begrüßen zum Nikolaus-Seminar, auch die Dame natürlich. Ich finde es sehr erfreulich, dass sich auch das weibliche Geschlecht dieser Aufgabe stellt. Ich darf darauf hinweisen, dass Sie sich nach Ende dieses Seminars mit dem Titel „geprüfter Nikolaus (VHS)" schmücken dürfen!
Niko 3:	Do schau her!
Leiter:	Gell! So, beginnen wir mit der Kernfrage: Warum wird man Nikolaus?
Niko 1:	Weils 18 Euro in da Stund gibt!
Niko 3:	Und eventunell a Schnapserl, fallsma sei Sach' guat mocht!
Leiter:	Ja gut, man wird auch entlohnt. Aber der finanzielle Aspekt sollte nicht im Vordergrund stehen!
Niko 4:	Ned? Ja, wos denn dann?
Leiter:	Die ehrenvolle Aufgabe, an der Erziehung der Kinder mitzuwirken! Denn der Nikolaus ist nach wie vor eine Respektsperson für die Kleinen.
Niko 5:	Ja freilich! Mir hamms letzts Johr Chinaböller nachegworfa! Dawischt wenne's hätt'! Owa mit de ungwamperten Stiefel und dem drumm Soog konnst ja ned renna! Do host du keine Chance gega a poor so junge Baraber.
Niko 2:	Mir hod oana amol mein Bort ozundn! Bloß guat, dass's draußn grengt hod, nacha hoda wenigstens ned gscheit brennt! Der wenn brennt, des konn fei dumm ausgeh'!
Frau:	Um Gottes willen!
Niko 2:	Jaja, guade Frau! So einfach is des ned heitzudogs als Nikolaus. Do hods a Mo scho ned leicht, geschweige denn a Wei!
Leiter:	Gut, ich gebe zu, bei sozial schwierigen Kindern kann sowas schon mal vorkommen.
Niko 2:	Sozial schwierig? A Hunzkrippl wor des und sunst gar nix!

Leiter:	Und das mit dem Feuer ist bei Kindern, die pyroman sind, bisweilen ein Problem.
Niko 2:	Der war ned pyroman, des war a Deitscher! Sei Voda is sogor bei der Feierwehr!
Niko 1:	Des is ja da Gipfel!
Niko 2:	Jamei, soweit samma heit: Da Voda löscht freiwillig, da Sohn zündelt mutwillig!
Leiter:	Ja gut, aber das ist nicht das Wesentliche am Nikolausdasein. Das sind unrühmliche Ausnahmen. In erster Linie haben wir einen Erziehungsauftrag. Wir sollten den Kindern Werte vermitteln.
Niko 4:	Vermitteln is guat! Hitrogn miaßma denen die Werte! I hob letzts Johr oan an Computermonitor bracht, der wor fast 1000 Euro wert. 19 Zoll! Wos glauben Sie, wia i gschwitzt hob! Draußn hods 15 Grod plus ghabt wia jeds Johr, dann de ganze Montur und des schwaare Drumm! Mei, hob i gschwitzt! Wenn koa Dame anwesend waar, dann daad i scho sogn, wia i gschwitzt hob. Owa wenn a Dame anwesend is, sog i sowos ned!
Niko 3:	Mir kinnmas uns scho denka! I hob amol an Bandscheibenvorfall ghabt, weilse a Zehnjähriger a Radl gwünscht hod. Des hob i gor ned trogn kinna, owa glaubst, mir hätt' oaner gholfa? Des kannst du vergessn! Entwürdigend is des, wennst du einekimmst wie ein Fragezeichen, weil dir a Bandscheibn aussagsprunga is! Entwürdigend! Bloß wega dem sein blädn Radl! Des kannt doch's Christkindl genauso bringa, oder?
Leiter:	Wobei wir schon bei einem weiteren Hauptthema wären: Der Materialismus in der heutigen Zeit! Es ist nicht entscheidend, wieviel ein Kind bekommt! Das müssen wir oft auch den Eltern klar machen!
Frau:	Genau! Das sehe ich auch so! Wir haben auch eine erzieherische Aufgabe den Eltern gegenüber!
Niko 1:	Omei, Deandl! Host du eine Ahnung! Woaßt, wos dir a Voda sagt, wennst du eam Vorschriften mocha willst?

Der sagt dir folgendes: „I zohl dir 18 Euro in da Stund! Und wenn i dir 18 Euro in da Stund zohl, dann bringst du mein Kevin des, wos i sog und ned des, wos du moanst!" Mir samma heitzudogs a Art Servicepersonal und ned a Heiliger. Des konnsta abschminka!

Leiter: Ja, aber man hat doch eine gewisse Einflussmöglichkeit im Vorgespräch, wenn man den Nikolausbesuch mit den Eltern vereinbart!

Niko 2: An Dreg host! Do hoaßts bloß: „Um sieme bist do, weil um achte hamma an Tisch beim Griechen bstellt! Sagst mein Buam, er soll mehr lerna und sei Zimmer besser aafraama! Geld gibt's bar auf die Kralle, 's Gschenk steht im Gästeklo!"

Frau: So krass läuft das ab?

Niko 3: Owa genau! Und wos willst dann macha, wenn a Laptop um 2000 Euro im Gästeklo steht? Dann gibstna dem Fratzn, dass a Ruah is. Und wennst Pech host, sagta ned amol „danke". Aso schauts nämlich aus! Owa mir is des wurscht! I kassier und furt bine!

Leiter: Jetzt muss ich aber schon einmal sagen, dass dies die falsche Einstellung ist! Zumindest sollte man dann dem Kind den Wert des Geschenkes bewusst machen und ihm vor Augen halten, wie gut es ihm im Vergleich zu anderen Kindern geht!

Frau: Genau! Da haben Sie recht!

Niko 3: Ja guat, do hamms scho recht! I sog aa immer zu de Kinder: „Seids brav, sunst gibt's naxts Johr nix mehr!" Also, i moch denen des praktisch scho bewusst.

Leiter: Nein, so einfach dürfen wir es uns als heiliger Nikolaus nicht machen! Wir sollten den Kindern aufzeigen, in welchem Paradies sie eigentlich leben, wenn man in Betracht zieht, unter welch erbärmlichen Umständen andere Kinder auf dieser Welt leben müssen. Dann wird jedes Kind einsehen, dass man auch mit kleineren Geschenken zufrieden sein muss.

Frau: Das finde ich gut!

Niko 3: Omei, habts ehs eine Ahnung! Jetza sog eich amol wos! I war letzts Johr beiana typischen deitschn Familie, obere Mittelschicht: Oa Kind, zwoa Auto, drei Hund', vier Fernseh'. So, nacha bring i dem männlichen Kind ein Benjamin Blümchen-Video und a CD von an gwissn Rammstein mit. I sog: „Hoho! Schöne Geschenke haben wir da für den kleinen Bruno! Ein Video und eine CD! Hoho!" Wos sagt des Kind? „Is des alles?" sagt des Kind! Mit sechs Jahren!

Niko 1: Aso sans!

Niko 3: Owa i hob mir denkt: „Guat, des Kind konn nix dafür, wenns vo de Eltern dermaßen verzogn wird, dass eam praktisch nix mehr gfollt." Und dann hob i mein Erziehungsauftrag erfüllt und dem Buam erklärt, dass des ned selbstverständlich is, dassma überhaupt wos kriagt. „In Brasilien in de Slums", howe gsagt, „do daad a Kind an Jucherzer, wenns a CD kriagn daad! De hamm do nämlich gor nix! Ned amol a Schul! Aso schauts aus!" Wissts, wosa dann gsagt hod? „Cool", hoda gsagt, „koa Schul! Do möcht i aa hi!"

Frau: Traurig!

Niko 3: Aber wahr! Der hod des gor ned kapiert, um wos dass geht. Woaßt, do denkst dir nacha: „Duats doch, wos wollts! I bin doch ned eier Depp! Für 18 Euro in da Stund!"

Niko 2: Wundert di des? Mi ned! Bei vier Fernseh' im Haus verblödet doch jeds Kind! Mir hamma friaher bloß an Radio ghabt und der war meistens hi! Und trotzdem bin i ein heller Kopf wordn!

Leiter: Ja, meine Dame, meine Herren, da sieht mans wieder: Es ist alles schwieriger geworden! Und gerade deshalb ist so ein Seminar sehr wichtig! Schon, um Erfahrungen auszutauschen und Probleme anzusprechen. Der Herr hinten links hat bis jetzt noch gar nichts gesagt. Gab es bei Ihnen noch keine Probleme?

Niko 6: Nix vastähn!

Niko 1: Ja, wos isen des für oana?

Niko 2: Der versteht nix, sagta!

Niko 3: Komisch!

Niko 4: Des daad mi jetza scho interessiern, wos des für oana is.

Frau: Wo kommen Sie denn her?

Niko 6: Bahnhofstraße 38!

Leiter: Nein, nicht Straße! Welches Land?

Niko 6: Bahnhofstraße is in Deitschland!

Leiter: Nein, Sie missverstehen mich! Von wo Sie kommen! Wo geboren? Pakistan? Polen? Peru?

Niko 6: Aah! Jetz vastähn! Turkmenistan!

Niko 1: Wo isen des?

Niko 2: Frogme wos Leichters! Also, nix gega den Mo, owa des hod doch null Sinn, wenn der als Nikolaus umanadalafft. Der kapiert doch gor ned, um wos dass do geht. Wer woaß, isa katholisch!

Niko 3: Sie, Herr Seminarleiter, des is fei nix mit eam do! Der blamiert doch de ganze Zunft! Stellns Eahna amol vor, der soll an Kind an Laptop erklärn! Des is doch unmöglich! Wos denktse der überhaupt, dass der aaf aso a Seminar higeht?

Leiter: Moment, ich werde ihn mal fragen! *Zu Niko 6:* Wieso Nikolaus sein wollen?

Niko 6: Frau lesen Zeitung, stehen drin „Nikolaus gesucht, 18 Euro Stund'". Sagen: „Igor, is gut Geld! Du gähen hin!" Ich sagen: „Frau, ich gähen hin!" Jetzt ich da, aber nix vastähn.

Niko 4: Herr Seminarleiter, gebns dem bloß koa Diplom ned! Der braucht no a Johr, bisa soweit is!

Frau: Aber eine Chance müsste man ihm doch geben! Das wäre gut für die Integration!

Niko 1: Owa schlecht für eam! Der hod keine Chance, aa wennst eam oane gibst. De Kinder heitzudogs san grausam. De mochan den fertig, wenn der aso umanandastopselt. Daama uns ja mir scho hart, owa der mit sein gick und gack! Naa, der soll no a Johr wartn, dann isa sprachlich eventunell geeignet, wenns guat lafft.

Leiter: Ich denke, Sie haben recht! *Zu Niko 6:* Äh, folgendes: Dieses Jahr Nikolaus besetzt. Wir nix mehr brauchen. Du, äh Sie können heimgehen!

Niko 6: Heimgehen?

Leiter: Zu Frau! Weiter Zeitung lesen! Mantel, Hut, Bart ausziehen, dann heimgehen!

Niko 6: Schade! *Zieht die Nikolaus-Requisiten aus und geht. Beim Ablegen des weißen Bartes kommt ein echter Bart zum Vorschein, der noch imposanter ist als der künstliche.*

Niko 1: Also, ausschaun duat er fei scho guat. Eigentlich der Nikolaus an sich! Rein optisch!

Niko 2: Jamei! Wos hilft de ganze Optik, wenn oana ned gick und ned gack sogn konn! Des bringt einfach nix!

Niko 3: Eben!

Niko 4: Do kannt ja a jeder kemma!

Leiter *Sieht auf die Uhr:* Oh, meine Dame, meine Herren, wie die Zeit vergeht! Das war schon unsere erste Seminarstunde! Beim nächsten Mal werden wir uns mit dem Thema „Wie trage ich aus dem goldenen Buch vor?" und mit der Figur des Krampus beschäftigen. Und danach werde ich Ihnen Ihre wohlverdienten Diplome überreichen. Ich darf mich verabschieden mit einem herzlichen „Hohoho".

Alle klatschen Beifall und rufen gemeinsam „Hohoho".

Mein kleines Weihnachts-ABC

Alle Jahre wieder
kommt das Christuskind.
Des is mir furchtbar zwider,
weil i koa Gschenk ned find'.

Brennt a Kirzn, dann wird's hell,
im ganzn Haus, in jedem Eck,
owa wenns umfollt, gehts oft schnell
und d'Kirzn zsamt'n Haus is weg.

Chinaböller und Kanonenschlog
is des, wos da Bua an Silvester mog.
Do sagt da Voda: „Iß a Kraut!
Des kost wenger und kracht grod so laut!"

Da Nikolaus is ein armer Mann"
hod da Sepperl gsagt,
„der wo sich gor nix leistn kann,
weil er'n Papa seine Stiefel tragt!"

Endlich wieder is soweit,
des is für mi de größte Freid,
wenn i sogn konn zu mein Wei:
„Gottseidank, Weihnachten is vorbei!"

Finster is, da Wind pfeift kolt,
und Rauhreif glitzert an de Ranga
da Nikolaus ruft durch den Wold
„zenalln, mir is da Sprit ausganga!"

Glühwein trink a jeder gern
in der kalten Weihnachtszeit.
Doch sollt's Klima no wirmer wer'n,
brächt' a Eistee mehra Freid.

Hamburger hamma gestern ghabt, Döner hamma heit,
und morgn gibts a Gyros, mei des is a Freid!
Aaf Weihnachten gibts a Schweiners und Knödel gibts aa,
weil an so an Festdog derfs ruhig amol wos ausgfollns sa.

I bin kloa, mei Wunsch is groß,
i möcht oamol noch Davos.
Ned Süd, ned Nord, ned West, ned Ost,
sondern bloß, da vos nix kost!

Juche, juche, jetzt kommt der Schnee!
So lange mussten wir drauf hoffen!
Freudig lacht die Hautevolee,
das Kokain ist eingetroffen!

„Kommet, ihr Hirten!" so hoaßt ein Lied.
Do sagt da kloa Maxl: „Do kimm i ned mit.
Wieso bloß de Hirten? Gelten de mehr?
Dass de Woachn ned derfan, des find' i ned fair!"

Lieber guter Nikolaus,
das Taschengeld reicht gar nicht aus!
Drum bitt' ich höflich dich:
Nimm meine Schwester mit, dann bleibt mehr für mich!

„Mei, wos i kriag, is mir egal",
sagt da Bua zu seiner Muada,
„owa oans möcht' i aaf jeden Fall:
deitlich mehra wia mei Bruada!"

Neunmal werden wir noch wach,
heißa, dann ist Weihnachtstag!
Owa weilma koa Geduld ned hamm,
essma'n Adventskolender scho vorher zamm!

Oh Tannenbaum, oh Tannenbaum,
du bist so grün, man glaubt es kaum,
du sparst uns alle Jahre Geld,
weil Kunststoff einfach länger hält.

Paula: Du Paul, gfall' i dir?
Paul:　Und wia! Du bist a echte Maus! Und so sexy ozogn!
Paula: Schee! Kaufst du mir zu Weihnachten amol wos richtig
　　　 scharfes für mein Hals?
Paul:　Gern! A ganz Packerl Eukalyptuszuckerln!

Quietscht jämmerlich im Stall die Sau
in einer Winternacht,
dann woaß sie ganz genau:
An Weihnachten wird gschlacht!

Ruht im Tale still der See
und fällt leis' darauf der Schnee,
keine Menschenseele weit und breit,
dann hamm d'Eisstockerer heit koa Zeit!

Schneibts im Dezember, dann is oans gwies,
dass da Januar no ned oganga is.
Owa is im Dezember scho worm wia im Mai,
dann is da November wahrscheinlich vorbei.

Tee mit Rum
haut jede Grippe um!
Und des Getränk is bsonders schee
ohne Tee.

„Um Gottes willn", hod d'Mare gfragt,
„wos kaffst denn du do zamm?"
„Zwoa Kastn Weißbier" hod da Kare gsagt,
„dassma a weiße Weihnacht hamm!"

Von drauß' vom Aldi komm ich her,
es gab keinen Computer mehr.
Drum bringe ich dir Magenbrot,
denn das war im Angebot.

Winter is de Zeit vom Johr,
wo's Weda kolt is, feicht und grob.
Da Rauhreif hängt dir in de Hoor,
guat, dass i a Plattn hob.

Xundheit für dei Innenleben
wünsch i dir zum neia Johr
und äußerlich soll Gott dir geben
wenga Gwicht und mehra Hoor!

Yoga, des hilft ohne Frage
fast in jeder Lebenslage.
Doch beim Weihnachtssstress bringts mi ned weida
do is a Weißbier gscheida.

Zucker, Zitronat und Zimt
brauchtma, wenn da Winter kimmt,
weil d'Plätzln san im Winter recht
owa im Summer aa ned schlecht.

Ein weihnachtlicher Liebesbrief

Liebe Rosi,

ich weiß nicht, ob du dich noch an mich erinnerst. Ich bin der, der wo mit dir im Sommer beim Volksfest einen leichten Unfall hatte. Du hattest einen Ford Fiesta und ich einen Rausch. Mir ist ja weiter nichts passiert, wie ich dir als Fußgänger die Vorfahrt genommen habe, aber dein Auto hatte eine Dülln. Ich bitte dich dafür nochmals um Entschuldigung, da ich nicht Herr meiner Sinne und auch meiner Füße war.

Aber das ist nicht der Grund für meinen Brief. Ich habe mir damals schon gedacht „saxndi", wie ich dich gesehen habe. Das war wahrscheinlich auch der Grund, warum ich dir ins Auto gelaufen bin, neben den fünf Maß. Und als du nach dem Zusammenprall ausgestiegen bist und dich über mich gebeugt hast und ich in dein T-Shirt gesehen habe, habe ich mir gedacht: „Die sieht nicht nur gut aus, die hat auch einen mords Charakter!" Genauer gesagt, sogar zwei.

Ich schreibe dir jetzt kurz vor Weihnachten, weil ich habe dich bis heute nicht vergessen können. Du gehst mir direkt im Kopf herum. Und jetzt, im Advent, ist man in einer Stimmung, wo man sich denkt: „Das wär' schon was!" Damals, bei der Unfallaufnahme, hast du als Familienstand „ledig" angegeben, was ich mir trotz Trunkenheit gemerkt habe. Doch getraut habe ich mich bis heute nicht, dich zwecks Veränderung des Familienstandes anzusprechen. Aber heute habe ich mir ein Herz gefasst und schreibe dir diesen Brief.

Ich sitze oft alleine im Zimmer und denke mir, dass es nicht schlecht wäre, wenn du da wärst. Ich könnte es mir so richtig romantisch vorstellen: Ich schaue gemütlich Ferenseh und du kochst. Dann esse ich und ich sage dir, dass es mir gut schmeckt und du freust dich! Wenn du möchtest, kannst du ruhig auch mitessen. Denn ich habe so viele Mitesser im Gesicht, da ist es dann schon wurst, wenn am Tisch noch einer sitzt.

Wir könnten auch gemeinsame Weihnachtseinkäufe machen. Ich fahre dich zum Einkaufszentrum und lasse dich aussteigen, dann gehe ich zwei, drei Stunden ins Wirtshaus, anschließend hole ich dich wieder. Ist das ein Service oder nicht?

Und jetzt kommt der Höhepunkt: Am Heiligen Abend lassen wir es richtig krachen! Du darfst ein 4-Gänge-Menü für uns alle machen! Das heißt, für mich, für meine Mutter und für dich! Ich zahle alle Zutaten, und auch meine gutsortierte Küche steht zu deiner kostenlosen Nutzung bereit! Du müsstest nur berücksichtigen, dass meine Mutter Zucker und Fett nicht verträgt aufgrund Zucker und Gicht. An den Feiertagen kannst du dann mit meiner Mutter spazieren gehen, damit ihr euch näher kommt. Wenn sie dich mag, spendiert sie dir eventuell sogar im Café einen Kaffee, da lässt sie sich nicht lumpen.

Ich könnte dir noch viele verlockende Vorschläge machen, aber ich denke, für den Anfang reichts.

Du wirst dich vielleicht wundern, warum ich trotz dieser idealen Gegebenheiten mit 39 Jahren noch solo bin. Ehrlich gesagt, wundere ich mich auch. Meine Mutter sagt, wenn die Frauen wüssten, was ich für eine gute Partie bin, hätte ich an jedem Finger fünf! Aber die brauche ich gar nicht, denn du würdest mir schon reichen. Rühr dich!

Dein Kuno

P. S. Antworte mir falls möglich per Postfach, weil meine Mutter alle Briefe aufmacht! Frohe Weihnachten!

Manche Menschen essen am Heiligen Abend traditionell jedes Jahr dasselbe, andere überlegen sich immer wieder etwas Neues, um dem Fest einen besonderen kulinarischen Glanz zu verleihen. Ich habe lange darüber nachgedacht, was an so einem hohen Festtag angebracht ist. Vielleicht kann ich einen kleinen Beitrag zum Gelingen leisten, denn ich verrate Ihnen jetzt

Mein Weihnachtsrezept

<u>*Zutaten:*</u>

1 Familienpackung Vorfreude
1 bis 2 Wochen Besinnung
1 Stange Geduld (am besten geeignet wäre die Sorte „Engelsgeduld")
1 gehörige Portion Mut
je eine mittlere Portion Rücksicht und Verständnis
Fantasie nach Belieben
1 Flasche Dankbarkeit
3 bis 4 Stunden Zeit
Zufriedenheit als Garnierung

<u>*Zubereitung:*</u>

Man nehme die Familienpackung Vorfreude und verteile sie gleichmäßig auf die ein bis zwei Wochen Besinnung vor dem Fest. Besinnung wird nämlich durch die Vorfreude erfahrungsgemäß leichter und lockerer.

Sobald Besinnung und Vorfreude gut durchmischt sind, nehmen wir ein kleines Stück vom Mut (den größeren Teil heben wir für später auf), je ein Stück Rücksicht und Verständnis und gehen damit in ein Kaufhaus, um die letzten Weihnachtseinkäufe zu erledigen. Den Mut brauchen wir, um uns in den Trubel zu stürzen, Rücksicht und Verständnis verhindern, dass der Einkauf zu bitter wird.

Rücksicht brauchen wir für die vielen Kinder, die sich nicht satt-sehen können und für die älteren Menschen, die sich in dieser Hektik etwas verloren fühlen und sich nicht immer so schnell zurechtfinden wie wir. Verständnis müssen wir haben für die Angestellten und Kassiererinnen, die im Weihnachtsstress viel-leicht nicht immer so freundlich und aufmerksam sind, wie wir es uns wünschen. Noch ein kleiner Tipp: Eine Prise Hilfsbereit-schaft verleiht dem Weihnachtseinkauf oft erst die richtige Würze!

Ja, und während Besinnung und Vorfreude noch vor sich hinköcheln, kommen wir schon zum Hauptgang: Den Heiligen Abend! Bereits am Nachmittag beim Schmücken des Baumes nehmen wir die Stange Geduld zur Hand. Am besten schneiden wir sie gleich in mehrere Scheiben, denn wir brauchen sie öf-ters: Beim Fixieren des Baumes im Ständer, beim Entwirren der Lichterkette, bei den Fragen der Kinder, wann endlich das Christkind kommt und bei der Kritik der Gattin, warum man schon wieder nicht den richtigen Baum gekauft hat.

Das ist der beste Zeitpunkt, vorsichtig die Fantasie hinzuzuge-ben, indem man den Baum als Wunder der Natur preist und mehrere Gründe erfindet, warum es dieser und nur dieser sein musste. Wenn es abends langsam an die Bescherung geht, ist es höchste Zeit für die gehörige Portion Mut. Die brauchen wir, um dem Wunsch der Familie nachzukommen, der Papa solle beim Lied „Stille Nacht" laut mitsingen. Besitzt man nämlich das Gesangstalent eines durchschnittlichen Familienvaters, kann dieser Teil der Bescherung ohne Mut nicht gelingen und bekommt schnell einen faden Beigeschmack. Werden dann die Geschenke verteilt, öffnen wir die Flasche mit der Dankbarkeit und gießen sie gleichmäßig über alle Präsente. Auch wenn es für den Papa wieder die obligatorische Krawatte und das Rasierwas-ser, für die Mama das fantasielose Bargeld und für die Kinder nicht alle erwarteten Computerspiele, Fahrräder und Handys sind: Mit Dankbarkeit wird jedes Geschenk zum Leckerbissen!

SYLVIA WAUGH

Die Mennyms, Die Mennyms auf der Flucht, Die Mennyms in der Falle, Die Mennyms ganz allein, Die Mennyms unter Menschen

Bisher ist es den Mennyms gelungen, ihr Geheimnis zu hüten: Denn niemand weiß, dass sie keine Menschen, sondern lebendige Lumpenpuppen sind. Um sich bei ihren neuen Abenteuern in den *Mennyms unter Menschen* nicht zu verraten, müssen sie nicht mehr so tun, als ob sie Menschen wären, sondern dürfen richtige Puppen sein.

Jeder Band ca. 240 Seiten. Gebunden. Ab 11

ANNIKA HOLM

Hilf mir, Mathilda!

Eine Geschichte vom Glück im Unglück

Mathilda und Marie sind die besten Freundinnen. Doch plötzlich stimmt etwas nicht mit Marie, mal ist sie schroff und abweisend, mal gut gelaunt. Da erfährt Mathilda, dass Maries Mutter sehr krank ist. Marie selber spricht nicht darüber und Mathilda weiß nicht, wie sie Marie trösten soll. Doch dann hat sie eine gute Idee …

120 Seiten. Gebunden
Fadenheftung. Ab 10

HANSER

Neuen Büchern auf der Spur

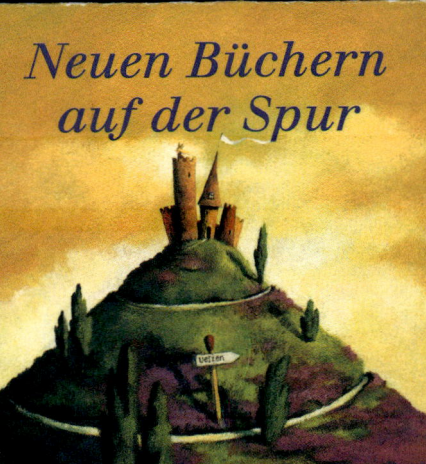

Motiv: Katrin Engelking

JUTTA RICHTER
KONSTANTIN WECKER

Es lebte ein Kind auf den Bäumen

Fliegen müsste man können, denkt sich das Kind, wie die Vögel. Doch die sind schlechte Lehrer, denn sie fliegen einfach davon. Da ist es schon besser, man sucht sich einen Freund, denn »wenn zwei zusammen träumen, dann sind sie nicht allein … dann können sie ein Fisch und eine Möwe und einfach alles sein.« Eine wunderschöne Geschichte von einem Kind und seinen Freunden, mit 14 Liedern vertont von Konstantin Wecker.

Mit farbigen Bildern von Katrin Engelking und einem eingelegten Notenheft. Ca. 56 Seiten Gebunden, Fadenheftung. Ab 6

HANSER

Und wenn man sich nun von der Garnierung ein Stück Zufriedenheit nimmt und es auf der Zunge zergehen lässt, dann merkt man sehr schnell: Alle Geschenke kommen von Herzen, und viele Menschen auf der Welt wären sehr froh, wenn sie überhaupt Weihnachten gesund und mit einem Dach über dem Kopf feiern könnten.

Ja, und damit wäre unser großes Weihnachtsmenü schon fast fertig! Halt – eines fehlt noch: Die Nachspeise! Dafür benötigen wir nur eine Zutat, die kostenlos überall zu haben ist, nämlich Zeit, so drei bis vier Stunden in etwa. Da sie, wie gesagt, nichts kostet, nehmen wir sie uns einfach, um mit unseren Kindern zu spielen oder mit unserem Partner gemütlich zusammenzusitzen. Wenigstens an Weihnachten sollte dies möglich sein! Und immer daran denken: Eine Zutat nur sehr, sehr sparsam, möglichst überhaupt nicht verwenden – das Fernsehen! Es kann nämlich ein Menü ganz schön verwässern.

So, liebe Leserinnen und Leser – das war mein Rezept für Weihnachten. Hoffentlich sind Sie nicht allzu enttäuscht, weil Sie etwas für den Magen und nicht für die Seele erwartet haben. Aber ich bin ganz sicher: Wenn Sie nach diesem Rezept vorgehen, dann gelingt Weihnachten fast immer. Und zwar unabhängig davon, was es zu essen gibt.

Nicht nur kulinarische Geschichten
von Toni Lauerer ...

Der dritte Streich von Toni Lauerer! Seine Geschichten
und Gedanken sind treffsicher wie eh und je!

„Hauptsach, es schmeckt!"
Das Neueste von Toni Lauerer
ISBN 3-934863-08-6

BUCHVERLAG

… und noch mehr Gschichten von Toni Lauerer …

Treffsicher und so, „wia holt d'Leit redn",
lässt Toni Lauerer den Alltag in seinen Stücken vorbeiziehen.

I glaub, i spinn

Neue und alte Geschichten
ISBN 3-931904-43-1

BUCHVERLAG

… und weiter gehts mit Geschichten von Toni Lauerer …

Witzig ist er, bissig, auch hinterkünftig,
behält das Herz aber immer auf dem rechten Fleck.

Wos gibt's Neis?

Geschichten aus dem verzwickten Alltag
ISBN 3-931904-77-6

BUCHVERLAG